编委会

主　编：赵梓伶（四川省妇幼保健院）

副主编：张　刚（四川省妇幼保健院）
　　　　张　飘（四川省妇幼保健院）
　　　　罗　敏（四川省妇幼保健院）
　　　　张琰清（四川省妇幼保健院）
　　　　张　燕（四川省妇幼保健院）

参　编：陈萌新（成都新世纪妇女儿童医院）
　　　　郎晓琴（成都新世纪妇女儿童医院）
　　　　岳　岑（四川省妇幼保健院）
　　　　刘　俐（四川省妇幼保健院）
　　　　杨茂玲（四川省妇幼保健院）
　　　　张莉莉（四川省妇幼保健院）
　　　　贾思艳（四川省妇幼保健院）
　　　　罗莅惟（四川省妇幼保健院）
　　　　何琳坤（四川省妇幼保健院）
　　　　叶玉娇（四川省妇幼保健院）

儿童健康卫士科普丛书

四川大学出版社
SICHUAN UNIVERSITY PRESS

图书在版编目（CIP）数据

家庭"运动会" / 赵梓伶主编. — 成都：四川大学出版社，2024.4
（儿童健康卫士科普丛书）
ISBN 978-7-5690-6878-8

Ⅰ. ①家… Ⅱ. ①赵… Ⅲ. ①儿童教育－体育教育－家庭教育 Ⅳ. ①G807

中国国家版本馆CIP数据核字(2024)第088341号

书　　名：家庭"运动会"
　　　　　Jiating "Yundonghui"
主　　编：赵梓伶
丛 书 名：儿童健康卫士科普丛书

选题策划：邱小平　许　奕
责任编辑：倪德君
责任校对：张　澄
装帧设计：裴菊红
责任印制：王　炜

出版发行：四川大学出版社有限责任公司
　　　　　地址：成都市一环路南一段24号（610065）
　　　　　电话：（028）85408311（发行部）、85400276（总编室）
　　　　　电子邮箱：scupress@vip.163.com
　　　　　网址：https://press.scu.edu.cn
印前制作：四川胜翔数码印务设计有限公司
印刷装订：成都市火炬印务有限公司

成品尺寸：146mm×210mm
印　　张：4
字　　数：95千字

版　　次：2024年5月　第1版
印　　次：2024年5月　第1次印刷
定　　价：30.00元

本社图书如有印装质量问题，请联系发行部调换

版权所有　◆ 侵权必究

扫码获取数字资源

四川大学出版社
微信公众号

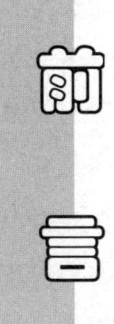

前言

儿童是国家的未来、民族的希望,是建设社会主义现代化强国的生力军,增强儿童体质、促进儿童健康成长,是关系国家和民族未来发展的大事。《中国儿童发展纲要(2021—2030)》提出:推进阳光体育运动,开足开齐体育与健康课。保障儿童每天至少1小时中等及以上强度的运动,培养儿童良好的运动习惯。全面实施《国家学生体质健康标准》,完善学生健康体检和体质监测制度。鼓励公共体育场馆设施免费或优惠向周边学校和儿童开放,落实学校体育场馆设施在课余和节假日向学生开放政策,支持学校向体育类社会组织购买课后体育服务。进一步加大户外运动、健身休闲等配套公共基础设施建设力度。合理安排儿童作息,保证每天睡眠时间小学生达到10小时、初中生达到9小时、高中生达到8小时。

　　运动是儿童发展的重要内容，对儿童的健康和生长发育具有重要的促进作用。为进一步提高广大儿童健康工作者、父母及其他养护人对儿童期运动重要性的认识，进一步普及儿童运动的相关知识和正确的运动方法，我们编写了这本《家庭"运动会"》。本书主要介绍了运动的相关概念、儿童运动指南与运动范例、儿童运动的实施与注意事项。本书重点针对不同年龄段儿童，结合该年龄段发育特点，给出了适合该年龄段的运动范例，对于一些有特殊运动需求的儿童也提出了针对性的运动指导。

　　在本书的编写过程中，由于篇幅有限，对部分内容未详细展开，加之儿童健康促进领域的研究日新月异，书中疏漏之处在所难免，敬请读者批评指正！

目录

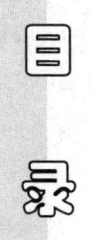

第一章　运动是什么?…………………（ 1 ）

第二章　运动的好处有哪些?…………（ 7 ）

第三章　运动分哪几类?………………（ 11 ）

第四章　儿童运动指南…………………（ 21 ）

第五章　0～3岁婴幼儿运动范例 ……（ 27 ）

第六章　4～6岁儿童运动范例 ………（ 39 ）

第七章　7～14岁儿童运动范例………（ 57 ）

第八章　特殊需求儿童的运动处方……（ 93 ）

第九章　儿童运动的实施………………（101）

第十章　儿童运动的注意事项…………（109）

| 第一章 |

运动是什么?

第一章 运动是什么?

运动又称身体活动或者体力劳动(physical activity, PA),通常指以身体练习为基本手段,实现增强体能、增进健康、丰富社会文化和娱乐生活等目的的一种社会活动。

随着我国经济快速发展,儿童营养状况明显改善,儿童营养不良发生率已经显著下降,但儿童超重、肥胖的发生率却逐年上升,并呈现低龄化的趋势。2018年,我国7~17岁儿童超重、肥胖的流行情况调查显示,城市儿童超重、肥胖的总检出率达到18.7%;2019年,全国7个城市学龄前儿童超重、肥胖队列研究显示,城市学龄前儿童超重、肥胖的总检出率达到18.75%(超重10.88%、肥胖7.87%),表明儿童超重、肥胖已成为重要的公共卫生问题。众多研究指出,运动不足(physical inactivity)、久坐行为是导致儿童超重、肥胖的主要因素。

久坐行为是指在清醒状态下,处于坐、靠或躺姿,能量消耗低超过2个小时的一系列行为。久坐行为包括看电视、玩电脑、玩手机以及坐着看书、聊天、绘画或听音乐等。有研究发现,对儿童来说,每天超过2小时的久坐行为是超重、肥胖的危险因素,也与体质下降、自尊受挫及学习成绩下降等相关。而儿童久坐行为越来越多地源于电子屏幕时间的增加。

我国儿童体质健康调查显示,运动时间达到每天1小时者

的报告率仅为 33.2%，我国儿童普遍存在严重的运动不足。2019 年，全球儿童运动监测报告显示，我国监测地区 10～17 岁儿童中，每天可以达到 1 小时中等及以上强度运动的比例仅为 11.8%，1/3 以上的儿童每天电子屏幕时间超过 1 小时。我国学龄前儿童的运动现状也不容乐观。有研究对上海、江苏及天津等地的学龄前儿童运动情况进行了调查，发现除部分地区和年龄组外，多数情况下我国学龄前儿童的运动量均未能达到世界卫生组织（WHO）的推荐量。

一项关于运动与学龄前儿童超重、肥胖关系的研究显示，应为学龄前儿童家长提供运动指导。家庭、幼儿园和社会应共同协作，为儿童提供机会并鼓励，让他们参加适合他们年龄的、令人愉快的、丰富多彩的运动项目。研究还显示学龄前儿童应增加中等及以上强度的运动，全天中等及以上强度的运动应累计不少于 1 小时。

《中国儿童发展纲要（2021—2030）》也提到，要有效控制儿童超重、肥胖发生率的上升趋势，培养儿童良好的运动习惯，保障儿童每天至少 1 小时中等及以上强度运动，完善学生体质监测制度，中小学生国家学生体质健康标准达标优良率要达到 60% 以上。

儿童运动质与量的双重缺乏成为当今儿童早期发展面临的严峻挑战，父母、家庭、托幼机构、学校和社区普遍缺乏对儿童运动的重视及支持。学业负担的负面影响阻碍了儿童获得充分运动的机会。对运动中安全问题的不正确理解和过度担忧同样不利于儿童运动的开展。因此，要动员全社会都重视和支持儿童运动的促进、实施和推广。

总的来说，"多动少坐"是做好早期儿童运动促进工作的关键。研究发现，在儿童早期，尤其是学龄前期即养成良好的"多动少坐"的生活习惯，这种生活习惯就很容易延续到成人时期并保持终身。0～14岁阶段养成的健康生活方式对维持身体健康及形成日后积极的生活方式都有良好的作用。

参考文献

[1] 王付曼，姚屹，杨琦. 中国七个城市学龄前儿童消瘦、超重和肥胖状况的队列研究[J]. 中华疾病控制杂志，2019，23（5）：522-526.

[2] 朱世祺，张有捷. 中国7～17岁在校儿童青少年超重肥胖的行为风险因素分析[J]. 中国慢性病预防与控制，2022，30（7）：491-496.

[3] 胡宵，李丽，欧阳一非，等. 2000—2018年中国十六省（自治区、直辖市）7～17岁儿童青少年超重与肥胖流行趋势[J]. 卫生研究，2022，51（4）：568-573.

[4] 蔡利萍，王彬，张鹏. 学龄前儿童超重肥胖发生率及相关影响因素的分析[J]. 婚育与健康，2023，29（16）：94-96.

[5] 原晨晨，薛琨，郭红卫. 全球儿童超重肥胖的流行现状和影响因素[J]. 卫生研究，2020，49（3）：506-510.

[6] 国务院. 中国儿童发展纲要（2021—2030年）[S]. [2021-09-08]. https://www.gov.cn/gongbao/content/2021/content_5643262.htm.

[7] 朱宗涵，曹彬. 儿童早期运动发展与促进[M]. 北京：人民卫生出版社，2021.

第二章
运动的好处有哪些？

第二章 运动的好处有哪些？

一、预防肥胖，降低患病风险

运动可以促进内分泌和代谢系统发育。研究表明，适宜的运动能增加能量消耗，避免体重增长过多，降低体脂率，增加肌肉重量，可有效预防肥胖。运动还可刺激生长激素、瘦素等多种激素的分泌，促进儿童体格生长，降低成年后动脉粥样硬化、高血压、冠心病、2型糖尿病等的患病风险。

二、延缓骨龄增长，促进身高增长

运动促进骨骼的新陈代谢，加强骨骼的营养，改善骨骼的结构，使骨骼能承受更大的压力。同时，运动能使骨骼的血供更丰富，从而使骨骼获得更多营养，促进骨骼的生长。适宜的运动还可消耗脂肪，延缓骨龄增长，使骨骼获得更长的生长年限。运动还刺激生长激素分泌，促进身高增长。

三、调节体质，增强免疫力

适宜的运动可以促进免疫系统的发育，增强免疫力，减少疾病的发生，预防过敏。适宜的运动可降低机体感染的风险。适宜的运动还可增强肺部功能，减少呼吸道感染。

四、调节情绪,增强社会适应性

适宜的运动对儿童心理健康有着良好的促进作用。有研究发现,爬行对儿童的认知发展有重要作用,通过爬行探索环境,能提高儿童对环境的适应能力。运动可提高儿童的自信心、情绪稳定性,磨炼儿童的意志,同时,可明显减少儿童焦虑、抑郁、敌意、恐惧感、紧张、慌乱等情绪,不断提高儿童生理上和心理上的社会适应性。运动可以帮助儿童忘却负面情绪,保持健康的心态,促进德智体美劳全面发展。

参考文献

[1] 朱宗涵,曹彬. 儿童早期运动发展与促进 [M]. 北京:人民卫生出版社,2021.

[2] 朱小烽. 儿童青少年体适能评定与健康促进 [M]. 成都:西南交通大学出版社,2020.

[3] 崔海晗,潘书波. 体育锻炼对留守儿童心理健康发育的促进作用 [J]. 长春教育学院学报,2013,24(29):79-80.

[4] 郭强,汪晓赞. 儿童青少年身体活动研究的国际发展趋势与热点解析——基于流行病学的视角 [J]. 体育科学,2015,7(35):58-73.

[5] 邹志春,庄洁,陈佩杰. 国外青少年体质与健康促进研究动态 [J]. 中国运动医学杂志,2010,4(29):485-489.

[6] 张晓娟. 儿童青少年心理健康状况及其影响因素 [J]. 中国健康心理学杂志,2013,6(21):959-961.

[7] 张春燕,马冠生. 体力活动和钙摄入对青春期骨骼发育的影响 [J]. 中国学校卫生,2004,3(25):373-374.

第三章

运动分哪几类？

第三章 运动分哪几类？

运动不仅包括体育锻炼，还包括日常生活活动，如打扫卫生、上下楼梯等。儿童运动主要包括日常养育活动、玩耍游戏、学习活动、体育锻炼和竞技运动等。

运动可分为多种类型。就像蛋白质、碳水化合物、脂肪搭配均衡才有益健康，各种运动组合与平衡才能促进儿童健康发展。

一、根据运动要素分类

1. 心肺耐力运动

让心跳明显加速的运动有利于心血管发育，使肺通气量明显增大及呼吸肌得到锻炼的运动有利于呼吸系统的发育。这类运动都属于心肺耐力运动。

2. 抗阻运动

抗阻运动一般为增加肌肉力量的运动。在儿童早期发展中，抗阻运动可增强肌肉、神经之间的协调性，锻炼神经控制能力，是促进儿童神经发育的必需运动。

抗阻运动根据阻力大小可以分为4个等级。

一级抗阻运动：被动运动（无力状态下），如婴儿抚触等。

二级抗阻运动：助力运动（用浮力或不同程度的助力），如婴幼儿水浴，借助水的浮力让婴幼儿更随意地支配自己的肢体完成动作。

三级抗阻运动：徒手运动（对抗肢体或身体重量），如俯卧四肢爬行。爬行平面的不同坡度代表了不同的力量刺激。

四级抗阻运动：在对抗肢体或身体重量的基础上，再增加外力，目的是增加刺激强度。

一级和二级抗阻运动可以作为康复手段，三级和四级抗阻运动可以作为增加力量的手段。抗阻运动不仅能发展儿童基本活动技能（fundamental movement skills，FMS），还能提升儿童姿势和动作的稳定性，锻炼儿童核心力量及多关节的协调性。

3. 骨质增强型运动

骨质增强型运动是促使骨骼更坚韧、更结实的运动。在不同体位与运动方式下，骨骼承受的力量是不一样的，如游泳时，骨骼承受的力量减轻。长期受到更大的力量刺激有助于骨骼承受更大的压力。因此儿童运动时，不能仅选择水中运动，一定要搭配陆地跑步或跳绳等运动。

不同部位的骨质增强型运动需要单独进行，下肢和脊柱的骨骼需要采取跑步、跳绳等运动。上肢骨骼需要采取单杠、双杠、俯卧撑等运动。颈椎、脚趾容易被忽视，但又容易出问题，也需要骨质增强型运动的刺激。

4. 关节运动

关节运动可以促进关节软骨营养吸收，有利于关节健康。四肢着地爬行动作可促进髋关节发育，不同坡度的平面爬行是儿童很好的运动方式。肩关节、腕关节、踝关节等关节也需要足够的运动刺激，才能更稳定，使其缓冲能力更佳。

5. 拉伸运动

拉伸运动是放松肌肉和维持关节活动度的最好方法。良好的关节活动度也是做正确动作、避免伤病的前提。拉伸运动要求关节充分舒展，逐步增加拉伸力量，并且要持续15秒以上。

6. 基本活动技能训练

基本活动技能训练分为三大类：①身体的移动动作包括走、跑、跳、翻滚等；②身体的平衡动作包括骑车、倒立、走平衡木等；③物体操控动作包括投球、接球、手运球等。研究认为，3～6岁儿童正处于基本活动技能发展的关键时期。

二、根据运动强度分类

运动强度通常以代谢当量（metabolic equivalent，MET）作为基本测量单位。1 MET 为安静坐位休息时的能量消耗。儿童常见运动的 MET 见表3-1。

表3-1 儿童常见运动的 MET

运动	MET	运动	MET
坐姿时安静地玩游戏、看电视、做作业	1.1～1.8	柔软体操、体操	2.8～6.7
站立时轻微身体活动	1.6～2.0	跳舞、爬楼梯	3.0～5.5
提轻物体	2.0～3.0	骑自行车、滑滑板	3.6～7.8
做家务	1.9～4.2	体育运动（乒乓球、足球、篮球等）	3.4～8.9

续表

运动	MET	运动	MET
需要全身运动的电子游戏	1.8~4.8	活跃的游戏（跳绳、捉人游戏等）	4.9~8.6
步行（0.8~6.4km/h）	2.5~5.3	跑步（4.8~12.9 km/h）	4.7~11.6

根据运动强度，运动分为低强度运动、中等强度运动和高强度运动（表3-2）。

表3-2 不同运动强度的表现

表现	低运动强度	中等运动强度	高运动强度
呼吸	频率稍增加	比平时急促	比平时明显急促，呼吸深度大幅增加
心率	稍加快	较快	大幅增加
感觉	轻松	仍可轻松说话	停止运动、调整呼吸后可说话
出汗	—	轻微出汗	出汗
MET	1.5~2.9	3.0~5.9	≥6.0

1. 低强度运动

低强度运动指引起呼吸频率及心率稍增加，感觉轻松的运动，相当于主观用力程度分级（RPE）（表3-3）的10~11级，如在平坦的地面缓慢地步行、站立时轻微的身体活动（如整理床铺、洗碗等）、演奏乐器等。

2. 中等强度运动

中等强度运动指需要适度的体力消耗，呼吸比平时较急促，心率也较快，微出汗，但仍然可以轻松说话，相当于主观用力程度分级（RPE）的 12～14 级，如以正常的速度骑自行车、快步走、滑冰等。

3. 高强度运动

高强度运动指需要较多的体力消耗，呼吸比平时明显急促，呼吸深度大幅增加，心率大幅增加，出汗，停止运动、调整呼吸后才能说话的运动，相当于主观用力程度分级（RPE）的 15 级及以上，如搬运重物、快速跑步、激烈的球类运动或快速骑自行车等。

表 3-3　主观用力等级强度量表（RPE）

RPE	主观运动感觉	运动强度分类	对应参考心率（次/分）
6	安静，不费力		静息心率
7	极其轻松	低强度	70
8			
9	很轻松		90
10	轻松		
11			110
12		中等强度	
13	有点吃力		
14			130
15	吃力		150
16			
17	非常吃力	高强度	170
18			
19	极其吃力		195
20	精疲力竭		最大心率

一般将中等及以上强度运动（moderate-to-vigorous physical activity，MVPA）作为运动推荐量达标监测的重要指标。

在生活中使用较多的划分运动强度的指标是最大心率和主观用力程度。建议小学生最大心率为130～160次/分、初中生最大心率为125～155次/分、高中生最大心率为150～155次/分作为中等强度运动的心率范围。主观用力程度可以采用谈话试验来判定：能说话也能唱歌，运动强度属于低强度；能说话不能唱歌，运动强度属于中等强度；不能说出完整句子，运动强度属于高强度。

三、儿童常见运动类型

1. 有氧运动

有氧运动指主要以有氧代谢提供运动中所需能量的运动方式。常见的有氧运动有步行、慢跑、游泳、骑车、健身操等。

2. 肌肉/力量运动

肌肉/力量运动指一种以克服阻力来强化肌肉的运动，属于无氧运动。常见的肌肉/力量运动有短跑、跳高、跳远、负重深蹲、俯卧撑等。

3. 跳跃运动

跳跃运动是一种增强骨质、预防骨质疏松的有益运动。研究认为，在进行跳跃运动时，不仅全身血液循环速度加快，而且地面的冲击力有助于骨骼的生长。

参考文献

[1] 朱宗涵，曹彬．儿童早期运动发展与促进［M］．北京：人民卫生出版社，2021．

[2] 朱小烽．儿童青少年体适能评定与健康促进［M］．成都：西南交通大学出版社，2020．

[3] 王安利．运动医学［M］．北京：人民体育出版社，2002．

[4] 郭强，汪晓赞．儿童青少年身体活动研究的国际发展趋势与热点解析——基于流行病学的视角［J］．体育科学，2015，7（35）：58-73．

[5] 邹志春，庄洁，陈佩杰．国外青少年体质与健康促进研究动态［J］．中国运动医学杂志，2010，4（29）：485-489．

[6] 张晓娟．儿童青少年心理健康状况及其影响因素［J］．中国健康心理学杂志，2013，6（21）：959-961．

[7] 张春燕，马冠生．体力活动和钙摄入对青春期骨骼发育的影响［J］．中国学校卫生，2004，3（25）：373-374．

第四章

儿童运动指南

第四章　儿童运动指南

运动是儿童在生命早期最先得到发展的能力，儿童运动能力的发展是在大脑和神经系统、骨骼肌肉协作下进行的，因此儿童运动能力的发展和其体格发展、大脑和神经系统的发展密切相关。儿童运动发展规律：运动技能由易到难、由简到繁，协调程度由低级到高级，活动精度由粗到细，运动幅度由小到大，活动时间由短到长，动作速度由慢到快，肌肉力量由弱到强。

有两个口诀可帮助我们快速掌握儿童粗大运动和精细动作发展进程：①二月抬、四月翻、六月坐、八月爬、十月站、周岁走、二岁跑、三岁独脚跳；②三月玩手、五月抓手、七月换手、九月对指、一岁乱画、二岁折纸、三岁搭桥。有研究表明，儿童在5岁前所有的初始动作模式已经建立，5岁后不会再出现新的动作模式。5岁后肌肉组织才开始迅猛增长，意味着某些运动在5岁前乃至真正肌肉发展成熟前是不合适的。所以我们在给儿童制订运动方案时，要充分考虑儿童的运动发展规律和特点，设置适合当前年龄段的运动方案。

中国、美国、英国、日本等国家针对本国儿童发育特点，发布了不同年龄段儿童的早期运动指南（表4-1）。

表 4-1 各国儿童早期运动指南

国家	目标年龄段	运动建议 推荐量	运动建议 运动类型	久坐行为建议	睡眠建议
美国（2008年）	6~18岁	每天60分钟以上中等到较大强度运动	有氧运动为主，强化肌肉和骨骼的运动每周各3次	—	—
美国（2011年）	3~5岁	每天60分钟以上结构化运动，60分钟至几小时非结构化运动	大肌肉运动，发展基本活动技能	每次久坐时间不超过1小时	—
英国（2011年）	0~5岁（可行走）	每天180分钟以上运动	—	所有5岁以下儿童应尽量减少久坐行为（受限制或久坐）	—
日本（2012年）	3~6岁	每天60分钟以上运动	愉快的游戏，符合发展的特点	—	—
印度（2012年）	5~17岁	每天1小时中等强度以上运动	体育运动和主动交通	—	—
芬兰（2016年）	0~8岁	每天不少于3小时各种强度运动	发展基本活动技能、户外活动	—	—

24

第四章 儿童运动指南

续表

国家	目标年龄段	运动建议 推荐量	运动建议 运动类型	久坐行为建议	睡眠建议
加拿大(2017年)	3~4岁	每天180分钟各种强度运动，不少于60分钟的活跃玩耍	—	每次受限制或久坐时间不超过1小时（如在婴儿车或汽车座椅上）；每天电子屏幕时间不超过1小时	10~13小时高质量睡眠，包括午睡；有固定的就寝时间和起床时间
加拿大(2017年)	5~17岁	每天60分钟以上中等到较大强度运动	有氧运动为主，强化肌肉和骨骼的运动每周各3次	每天不超过2小时的电子屏幕时间，减少久坐	5~13岁儿童每晚睡眠9~11小时，14~17岁每晚睡眠8~10小时；就寝时间和起床时间保持规律
澳大利亚(2017年)	3~5岁	每天180分钟各种强度运动，不少于60分钟的活跃玩耍	—	每次受限制或久坐时间不超过1小时（如在婴儿车或汽车座椅上）；每天电子屏幕时间不超过1小时，越少越好	10~13小时高质量睡眠，包括午睡；有固定的就寝时间和起床时间
中国(2020年)	3~6岁	每天180分钟各种强度运动，不少于60分钟的中等强度以上运动	发展基本活动技能、户外活动	每次受限制或久坐时间不超过1小时（如在婴儿车或汽车座椅上）；每天电子屏幕时间应不超过1小时，越少越好	10~13小时高质量睡眠，包括午睡；有固定的就寝时间和起床时间

第五章

0～3岁婴幼儿运动范例

第五章　0～3岁婴幼儿运动范例

　　0～3岁婴幼儿的感官体验和表达能力的发展主要是通过运动来实现的。应遵循运动发育规律和0～3岁婴幼儿特点，0～3岁婴幼儿的运动以游戏为主。0～3岁是大脑飞速发展的时期，感官、认知、运动能力快速发展，自我意识萌芽。这一年龄段应以多种方式进行运动，尽可能多地室内外交替进行互动游戏。

　　0～3岁婴幼儿一次运动时间不宜过长，建议由短时间开始，逐渐延长，可从每次5分钟逐渐延长。

1. 黑白卡片追视

适宜年龄：0～3月龄。

作用：锻炼婴儿视觉追踪能力，增强头部控制及颈部转动能力。

运动要领：

（1）婴儿平躺在床上，家长选取材质安全的黑白卡片，置于婴儿眼前20～30厘米处，吸引婴儿注意到黑白卡片。

（2）将黑白卡片沿弧线缓慢左右移动。

注意事项：如果婴儿追视好，黑白卡片移动幅度可增加，使婴儿头左右转动至最大角度。

2. 俯卧抬头

适宜年龄：0～4月龄。

作用：开阔视野，增强头部控制及颈部抬头能力。

运动要领：

（1）让婴儿俯趴，在婴儿眼前放一个颜色鲜艳或可发出声响的玩具。

（2）通过语言引导和晃动玩具吸引婴儿注意力，直至婴儿微微抬起下颚。

（3）婴儿累了脑袋耷拉下来时，让其躺着休息。

注意事项：喂奶前后不宜进行此运动，以免引起吐奶；注意玩具清洁和安全，防止掉落砸到婴儿。

3. 下肢被动操

适宜年龄：0～3月龄。

作用：锻炼婴儿双腿的运动，促进主动活动，增强下肢肌群的肌肉力量。

运动要领：

（1）婴儿躺在床上，家长双手轻轻握住婴儿双腿膝关节。

（2）家长带动婴儿做双腿交替屈伸运动：先缓慢屈曲左腿至90°然后伸直，再将右腿屈曲，交替重复。

注意事项：鼓励婴儿主动活动。

4. 主动踢球游戏

适宜年龄：1～3月龄。

作用：锻炼婴儿双腿的主动活动，增强协调性和下肢肌肉力量，促进视觉、听觉、触觉、空间感知觉的发育。

运动要领：

（1）婴儿躺在床上，家长把一个响铃毛绒球系在床尾（可用婴儿健身架的脚踏琴代替响铃毛绒球）。

（2）家长先帮助婴儿踢到响铃毛绒球（或脚踏琴），发出声音，重复多次。

（3）家长鼓励婴儿自己伸腿踢到响铃毛绒球（或脚踏琴）。

注意事项：家长可移动响铃毛绒球（或脚踏琴）的位置，引导婴儿从不同位置踢响铃毛绒球（或脚踏琴）。

5. **摇篮游戏**

适宜年龄：4～6月龄。

作用：激发婴儿翻身能力，锻炼前庭觉、位置觉、触觉，促进四肢活动能力。

运动要领：

（1）将婴儿置于床单正中央，两位家长拉起床单的四个角形成一个简易的吊床。

（2）两位家长配合轻轻左右摇晃床单，使婴儿跟着摇晃并引导其四肢主动活动。

注意事项：轻微摇晃床单即可。

6. **伸手抓物**

适宜年龄：4～6月龄。

作用：提高收集信息的能力，锻炼有意识的知觉运动，提高手眼协调性。

运动要领：

（1）家长将手或者颜色鲜艳、能发出声音的玩具放在婴儿眼前20厘米处。

（2）一边晃动手（或玩具），一边发出声响或者语言，吸引婴儿的注意力，也可以用手（或玩具）碰碰婴儿的小手，引导婴儿伸手抓握。

（3）婴儿会对手（或玩具）有眼神关注，表现出兴趣，也会伸出手来抓。

注意事项：注意手（或玩具）的清洁和安全，声音不要过大，防止玩具掉落砸到婴儿。

7. 拉坐运动

适宜年龄：4～6月龄。

作用：锻炼颈部、腹部肌肉力量，提高平衡能力。

运动要领：

（1）让婴儿抓住家长的大拇指，家长其余四指握住婴儿手腕。

（2）语言引导，比如说"拉起来啦"等，并轻拉婴儿的手让婴儿坐起来。

（3）婴儿也会试图自己坐起来，家长提供手指作为支撑点，帮婴儿坐起。

注意事项：尽可能让婴儿自己主动发力，抓住家长的手指借力坐起来。

8. 独立翻身游戏

适宜年龄：4～6月龄。

作用：锻炼婴儿独立翻身能力，促进全身运动的协调性，激发好奇心及探索新鲜事物的欲望。

运动要领：

(1) 婴儿侧卧位于垫子上。

(2) 家长在婴儿身边摇铃，引导婴儿从侧卧位翻身至仰卧位。

(3) 婴儿熟悉游戏后，摇铃声由近至远，观察婴儿是否能听到铃声并翻身寻找。

注意事项：婴儿有主动翻身迹象后再进行该游戏，尽量练习主动翻身。

9. 坐位平衡游戏

适宜年龄：7～9月龄。

作用：锻炼坐位平衡能力，提高核心稳定性，激发好奇心及对探索新鲜事物的欲望。

运动要领：

(1) 婴儿坐于垫子上或床上。

(2) 家长在婴儿的身后让玩具发出声音，并说"找找声音在哪里"。

(3) 引导婴儿通过扭头、转动身体，寻找并拿到玩具。

注意事项：婴儿能独自坐稳后再开始游戏，并做好防护，防止摔伤。

10. 坐爬交替

适宜年龄：8～12月龄。

作用：锻炼坐爬交替能力，增强四肢协调性。

运动要领：

（1）婴儿坐在垫子上，家长拿一个婴儿感兴趣的玩具放在远处，鼓励婴儿爬行过去获取玩具。

（2）如果婴儿尚不能爬行，可以在婴儿腹部放置一条毛巾，家长轻提毛巾两端帮助婴儿腹部离开地面，辅助婴儿爬行。

（3）在婴儿情绪好的时候多次尝试。

注意事项：注意环境安全，并做好防护，防止摔伤。

11. 从躺着到坐起

适宜年龄：9~12月龄。

作用：提高身体认知能力，锻炼平衡能力。

运动要领：

（1）婴儿自己能够从平躺、翻身到坐起来，做一系列动作。

（2）家长可以用语言鼓励和表扬婴儿。

注意事项：注意活动范围内的环境安全。

12. 把婴儿提起来

适宜年龄：8~12月龄。

作用：提高空间认知能力，锻炼腹部肌肉力量。

运动要领：

（1）让婴儿双手抓住家长大拇指，家长其余手指牢牢抓住婴儿的手掌（或者手腕）。

（2）家长可以一边说"我们坐电梯啦"等语言，让婴儿的情绪进入准备阶段，一边手向上提，让婴儿跟着家长的动作被提起来。

（3）习惯以后，让婴儿伸伸膝盖、踢踢腿，自己学会积极地向上蹦。

注意事项：家长肩膀不能松劲。

13. 举高高

适宜年龄：15～24月龄。

作用：提高空间认识能力，锻炼肢体力量。

运动要领：

(1) 把幼儿腋下牢牢抓住，一边说"举高高啦，好高呀"，一边高高将幼儿举起。

(2) 根据幼儿的情绪兴奋程度调整高度和激烈程度。

注意事项：要抓牢，注意幼儿情绪。

14. 靠墙倒立

适宜年龄：2～3岁。

作用：提高运动技能，锻炼肢体平衡能力、技巧性，体验倒立感觉。

运动要领：幼儿寻找靠墙的位置，家长抓住幼儿的双脚，帮助幼儿把脚抬起来，靠墙倒立，待幼儿身体端正稳定后，家长把握时机松开手。习惯后让幼儿独自完成倒立。

注意事项：开始时家长要扶好幼儿，习惯后再让幼儿一个人做。

15. 背对背坐起

适宜年龄：2～3岁。

作用：增强四肢肌肉力量，提高肢体控制能力和柔韧性、平衡能力。

运动要领：

（1）两人背对背，两侧胳膊相互挽着。

（2）尝试在背对背、胳膊持续挽着的情况下蹲下、坐在地上、腿向前伸直、再收回腿、蹲着、站起。

注意事项：

（1）蹲下、站起过程中两人动作需保持同步，保持住整体的平衡。

（2）反复练习习惯后，挑战快速蹲下、坐下、伸腿、蹲起、站起。

16. 踩脚印跨步走

适宜年龄：2～3岁。

作用：增强下肢肌肉力量，提高肢体控制能力和平衡能力。

运动要领：

（1）地上画一排脚印，每个脚印之间的距离要符合幼儿大跨步的间距。

（2）引导幼儿挺胸抬头、精神抖擞地大跨步踩着脚印向前走，双手配合地摆动起来，注意不要踩到脚印外面。

（3）当幼儿行走速度看起来像跑时，必须纠正后重新开始。

（4）可以定好起点和终点，幼儿和家长比比谁更快。

注意事项：用圆圈代替脚印也可以，但是两个圆圈或者脚印的间距要符合幼儿大跨步的步距。

17. 单/双人跳圈

适宜年龄：2～3岁。

作用：增强腿部、臀部肌肉力量，提高运动能力，促进下肢长骨生长。

运动要领：

（1）将多种颜色的圆圈散乱地摆放在地上。

（2）让幼儿跳到指定颜色圆圈中。

（3）双人搭档跳跃时，可喊口令保持动作一致性，保持整体平衡。

注意事项：跳跃时注意膝盖稍屈曲以保护膝盖。

18. 格子追逐跑

适宜年龄：2～3岁。

作用：增强心肺功能和身体灵活性。

运动要领：

（1）追赶时，两人需沿着地上画好的方格路线跑。

（2）室内地板上进行运动时，也可尝试以跪下擦地板的姿势互相追逐。

注意事项：转弯时需及时减速。

19. 模仿弹簧跳

适宜年龄：2～3岁。

作用：增强下肢力量、心肺功能，促进新陈代谢和生长激素分泌，有利于下肢长骨生长。

运动要领：

（1）双腿微微蹲下，膝盖屈伸一下，手臂大摆动，用力跳起。

（2）试着向后面、斜面等各个方向跳。

注意事项：着地时膝盖要弯曲。

第六章

4～6岁儿童运动范例

第六章　4～6岁儿童运动范例

　　4～6岁儿童智能发展迅速、语言思维和社交能力的发展日渐加快，且已具备较好的协调性，可同时完成多个动作。家长应提供安全、宽敞的空间引导4～6岁儿童运动，不要压制儿童的天性。家长要根据4～6岁儿童的体质、运动能力和兴趣爱好，有针对性地调整运动内容与形式。培养4～6岁儿童对运动的兴趣，吸引儿童主动参与，全面提高儿童的协调性、平衡能力、灵敏性、身体各部位的力量等，促进其生理、心理的健康发展。4～6岁儿童的运动包括各种游戏、运动项目和赛事活动，包含从走、跑、跳、投掷、平衡、支撑到钻、爬、攀登等运动，以及基本的徒手操和持轻器械运动。

1. 牵手转体

适宜年龄：4～6岁。
作用：提高平衡、柔韧、空间认知和协作能力。
运动要领：
（1）两位儿童面对面手牵手，形成一个小圆圈。
（2）互相配合的两位儿童要商量好怎么翻转，可以选择两人同时向一个方向翻转，也可以两人同时向不同方向翻转，或者仅单人翻转。
（3）举例：两人同时向一个方向翻转，举高翻转方向牵着

的手，两人同时从手下钻出，最后变成两人背对背，双手在身后牵着，形成一个小圆圈。两人又原路翻转返回最开始的姿势。

（4）可和玩伴搭档分成 2 组比赛，比比看哪组配合得更好、完成得更快。

注意事项：翻转过程要互相照顾对方，防止绊倒。

2. 双人转体跳

适宜年龄：4～6 岁。

作用：增强下肢力量，提高跳跃能力，促进下肢长骨生长。

运动要领：

（1）两位儿童面对面站立，双脚与肩同宽，双手互相拉住。

（2）两人同时顺时针或逆时针起跳，落地时两人交换位置。

（3）起跳及落地时保持屈膝状态，两人需配合用力，保持整体的平衡。

注意事项：起跳前两人做好沟通，跳跃和转体过程中互相配合，转体角度也需量力而为。

3. 跳房子

适宜年龄：4～6 岁。

作用：增强下肢力量、平衡能力，提高运动能力，促进下肢长骨生长。

运动要领：

（1）家长示范玩法，可双脚开合跳，也可单脚跳或指定数字跳，儿童跟着完成。

（2）儿童熟悉之后，可自己或跟玩伴自由玩耍。

注意事项：跳跃时适当弯曲膝盖，跳跃过程中也注意控制身体的平衡，防止跌倒。

4. 跳绳

适宜年龄：4～6岁。

作用：增强四肢、腹部肌肉力量，增强心肺功能，增强协调性，促进下肢长骨生长。

运动要领：

（1）两位家长拉一根绳子，大概在儿童膝盖高度，让儿童跳过去。

（2）跳的时候尽量不要碰到绳子。

（3）逐渐提高绳子高度。

注意事项：绳子不能拉得太紧，防止儿童挑战高度失败时被绊倒。

5. 在爸爸身上绕一圈

适宜年龄：4～6岁。

作用：增强四肢肌肉力量，增强机体运动的协调性。

运动要领：

（1）爸爸像一棵树一样站着，儿童像一只小猴子一样抱着爸爸的脖子，挂在爸爸背上。

（2）儿童从爸爸后背沿顺时针或者逆时针绕到爸爸胸前，再绕回爸爸后背。移动要迅速，手脚配合，移动时身体保持平衡。

注意事项：儿童在移动时，爸爸尽量不帮忙，爸爸需要集中注意力保护儿童。

6. 气球沙袋

适宜年龄：4～6岁。
作用：锻炼协调性、反应能力与灵活性，增强弹跳能力。
运动要领：
（1）把气球固定在高处，儿童跳跃击打气球。
（2）气球的高度可略比儿童举起手后高一点，增加挑战性。
注意事项：注意腿部弯曲落地，保持身体平衡。

7. 连体蜘蛛侠

适宜年龄：4～6岁。
作用：锻炼灵活性与敏捷性，锻炼空间感。
运动要领：爸爸抱着儿童举高，让儿童扶墙爬。
注意事项：爸爸不能突然松手，避免儿童受伤。

8. 螃蟹夹夹夹

适宜年龄：4～6岁。
作用：锻炼快速反应能力，提高专注力。
运动要领：
（1）儿童坐在地上，伸直双腿，双手在身后撑住身体。
（2）儿童不断开合双腿，夹住家长突然放下的道具。
（3）可以互换角色进行游戏。
注意事项：控制游戏时长；保护腰椎。

9. 魔毯飞人

适宜年龄：4～6岁。

作用：锻炼协调性与下肢肌肉力量。

运动要领：

（1）家长和儿童各准备一条毯子，双脚站在毯子中间，双手拉住毯子的两端，然后跳着前进。

（2）家长和儿童比赛，看谁先到终点。

注意事项：

（1）家长要注意保持游戏有输有赢。

（2）注意手脚协调，保持身体平衡。

10. 人鱼前进

适宜年龄：4～6岁。

作用：锻炼上肢力量。

运动要领：

（1）家长和儿童并排趴在地上，然后依靠双臂带动身体前进，双腿不能用力。

（2）家长和儿童比赛，看谁爬得快。

注意事项：

（1）家长要注意保持游戏有输有赢。

（2）保持地面干净、平整。

11. 快乐脚踏车

适宜年龄：4～6岁。

作用：锻炼协调性与下肢力量。

运动要领：

（1）家长和儿童平躺，双方将脚抬起来，抵住对方脚心，然后双方开始伸缩腿，做蹬自行车状。

（2）家长和儿童要配合好，其间双方脚的连接不能断开。

注意事项：活动开始前注意热身。

12. 毛毛虫爬行

适宜年龄：4~6岁。

作用：锻炼协调性与柔韧性。

运动要领：家长和儿童并排站定，双手着地往前爬，其间双脚不能移动，直到双手不能再前进，然后双脚开始往前爬，其间双手不能移动，循环动作。

注意事项：

（1）家长和孩子比赛，看谁爬得快。家长要注意保持游戏有输有赢。

（2）活动开始前注意热身，拉伸四肢。

13. 蹬自行车

适宜年龄：4~6岁。

作用：锻炼核心力量和下肢肌肉耐力。

运动要领：

（1）儿童仰躺在地，抬起双腿，做蹬自行车的动作。

（2）家长在儿童双腿前方手持一个道具，儿童每蹬一次，脚都要碰到家长手持的道具。

注意事项：家长也可以和儿童一起躺着，做蹬自行车的动作。根据儿童的状态调节蹬腿速度。

14. 后蹬腿

适宜年龄：4~6岁。

作用：锻炼四肢与腹部肌肉力量。

运动要领：家长和儿童相对，四肢着地趴在地上，双臂支撑住身体，双腿并拢伸直的同时用力向后上方蹬。

注意事项：在软垫上或地毯上进行，以免儿童膝盖受伤。

15. 赛龙舟

适宜年龄：4~6岁。

作用：锻炼协调性与肌肉耐力，增强合作能力。

运动要领：

（1）儿童和家长紧挨着坐在地上，家长腿部轻微夹住儿童身体，变成"龙舟"。

（2）儿童和家长双手同时撑地，将屁股抬起，合作前进。

注意事项："龙舟"在行进过程中不能断掉，路途上可以设置障碍物。

16. 搬书游戏

适宜年龄：4~6岁。

作用：锻炼协调性和四肢力量。

运动要领：

（1）儿童做熊爬姿势（四肢着地，膝盖悬空），家长将书平放在儿童的背上。

（2）儿童以熊爬的姿势前进，并保持背部水平，尽量使书不落地。

注意事项：家长可以和儿童一起搬书前进。充分热身，拉伸四肢。

17. 小鸭学步走

适宜年龄：4～6岁。

作用：锻炼协调性，拉伸腿部韧带。

运动要领：家长和儿童弯腰用手抓住自己脚踝，保持这个姿势往前走，看谁先到终点。

注意事项：行走过程中膝盖不能弯曲。活动前注意热身。

18. 抢硬币

适宜年龄：4～6岁。

作用：提高跑步速度和灵活性。

运动要领：

（1）准备10～20枚硬币放在桌子上，家长和儿童手戴塑胶手套，从起点出发到桌子上拿硬币后返回起点，将硬币放到对应的盒子里。

（2）规定时间内，看谁拿的硬币多。

注意事项：一次只能拿一个硬币。活动前注意热身。

19. 搬石头过河

适宜年龄：4～6岁。

作用：锻炼协调性和敏捷性。

运动要领：家长和儿童各拿2本书，并排站在起点。先将一本书放在自己前方地面，双脚踩上去，然后将另一本书放在前面，双脚踩上去，再拿起前一本书循环之前的动作，看谁先到终点。

注意事项：家长要注意保持游戏有输有赢。注意保持身体平衡。

20. 夹物并脚跳

适宜年龄：4～6岁。

作用：锻炼下肢肌肉力量和控制能力。

运动要领：在地上每隔一段距离用一个瓶子充当障碍物，共5～10个，摆成一条直线。儿童用双腿夹住一个娃娃，用"S"形路线前进，避开障碍物到达终点。

注意事项：家长可以和儿童比赛，看谁用时短。注意保持身体平衡。

21. 蜘蛛捕食

适宜年龄：4～6岁。

作用：锻炼协调性、四肢力量，提升前进速度。

运动要领：像蜘蛛一样四肢着地爬行，家长在后面"追击"，儿童要快速前进，逃离家长"魔爪"。

注意事项：家长注意不要压到儿童。

22. 老鹰捉小鸡

适宜年龄：4～6岁。

作用：锻炼协调性与合作能力，增强跑步技能。

运动要领：

(1) 爸爸扮演老鹰，妈妈扮演母鸡，儿童扮演小鸡。

(2) 母鸡要张开"翅膀"保护小鸡，小鸡紧跟在母鸡的身

后,抓住母鸡的衣服,母鸡不能让老鹰抓走小鸡。

(3)可以互换角色进行游戏,让儿童也扮演母鸡或者老鹰。

注意事项:游戏时注意保持身体平衡。

23. 弹簧人

适宜年龄:4~6岁。

作用:锻炼身体控制能力,增强跳跃技能。

运动要领:

(1)儿童双脚站在纸盒里,双脚并拢向前跳,带动纸盒一起向前移动,到终点后与家长击掌。

(2)家长可以和儿童比赛,看谁的速度快。

(3)纸盒高度6~8厘米即可。

注意事项:游戏时注意保持身体平衡。

24. 青蛙跳荷叶

适宜年龄:4~6岁。

作用:发展下肢爆发力,增强跳跃技能。

运动要领:

(1)准备2张纸作为荷叶,儿童双脚并拢站在一张纸上,家长将另外一张纸放置在前方,儿童双脚跳至另一张纸上,连续循环进行。

(2)儿童可以和家长互换位置,儿童换"荷叶",家长跳。

注意事项:跳跃时注意保持身体平衡,不要滑倒。

25. 亲子蜘蛛爬

适宜年龄：5～6岁。

作用：锻炼协调性与四肢肌肉力量。

运动要领：

（1）儿童和家长在起跑线仰躺，臀部离开地面，靠四肢力量支撑前行，谁先到达终点谁获胜。

（2）前进过程中臀部不能落地。

（3）也可以倒退爬行。

注意事项：游戏前做好热身。

26. 飞越书山

适宜年龄：5～6岁。

作用：锻炼下肢爆发力，增强跳跃技能。

运动要领：

（1）用书堆设置障碍，书堆有高有矮、间距有长有短。

（2）让儿童从起点开始跳跃，不断越过障碍，抵达终点。

注意事项：根据儿童的实际情况，调整书堆的高度及间距。

27. 推土机

适宜年龄：4～6岁。

作用：锻炼协调性。

运动要领：

（1）准备一个纸盒，儿童做熊爬的姿势（四肢着地，膝盖悬空），双手放在纸盒里，推着前进，将散落的道具收集到盒

子里，到终点与家长击掌。

（2）家长可以与儿童比赛，看谁收集的道具多。

注意事项：前进时注意保持身体平衡。

28. 匍匐前进

适宜年龄：4～6岁。

作用：锻炼协调性与四肢力量，增强爬行技能。

运动要领：家长和儿童并排趴在地上，开始匍匐前进，用四肢带动身体移动，其间身体和头部不能抬起来，看谁先到终点。

注意事项：家长要注意保持游戏有输有赢。

29. 花样拔河

适宜年龄：5～6岁。

作用：锻炼肌肉力量和爆发力。

运动要领：

（1）准备一根绳子，两端打结形成一个闭环。两位家长和儿童在闭环内呈三足鼎立之势。

（2）比赛开始后，3人同时用力，谁先拿到自己前方的玩偶即获胜。

注意事项：家长要注意保持游戏有输有赢。绳子可以选用弹力绳。

30. 跳高触物

适宜年龄：4～6岁。

作用：锻炼下肢爆发力，增强跳跃技能。

运动要领：家长手拿一个软物体，放在儿童头顶正上方10～20厘米处，让儿童跳起来用头去碰触物体。

注意事项：软物体高度不要太高，儿童如果一直碰不到会容易气馁。注意腿部缓冲落地。

31．小推车

适宜年龄：5～6岁。

作用：在攀爬运动中锻炼手臂协调性，增强坚持爬行的耐力，增强合作意识，培养克服困难的坚强品质。

运动要领：

（1）儿童趴在地上，手臂撑起身体，家长抬起儿童的双脚向前推行。

（2）儿童靠手臂力量向前爬行。两人合作一起从起点驶向终点。

注意事项：游戏开始前儿童要充分热身，活动手腕和上臂。

32．钻山洞

适宜年龄：4～6岁。

作用：学习钻、爬等动作的技巧。

运动要领：

（1）爸爸和妈妈分立两边，将跳绳或浴巾拉直，让儿童从下面钻过或爬过。

（2）跳绳或浴巾的高度渐渐由高到低，逐渐增大儿童钻、爬的难度。

注意事项：控制游戏难度。

33. 木头推推推

适宜年龄：4～6 岁。

作用：锻炼肌肉力量、肌肉耐力、协调性，增强推的技能。

运动要领：

(1) 家长平躺在地板上，假装是一根木头，让儿童推动家长的身体，家长要全身用力阻止身体滚动。

(2) 家长可以适当放松一下，让儿童能够推动。

注意事项：注意场地安全。

34. 绳索救援

适宜年龄：4～6 岁。

作用：锻炼协调性和上肢力量。

运动要领：

(1) 两位家长持绳相对而坐，中间留出 2 米的距离，儿童要通过绳索去"救援"家长脚边的玩偶。

(2) 儿童仰躺在绳子下方，双腿勾住绳子，依靠双手拉动绳子前进。

(3) 可以使用长布条作为绳索。

注意事项：儿童身下垫个软垫，防止受伤。

35. 充气棒跳跃

适宜年龄：4～6 岁。

作用：锻炼协调性，增强跳跃技能。

运动要领：

(1) 爸爸和妈妈下蹲，手持充气棒。儿童跳过妈妈的充气棒之后，再接着跳过爸爸的充气棒。妈妈拿着充气棒站到爸爸后面，循环继续，让儿童连续跳跃。

（2）可以互换角色进行。

注意事项：充气棒高度要根据儿童具体情况调整。

36. 青蛙跳跳跳

适宜年龄：4～6岁。

作用：锻炼协调性与下肢肌肉力量，增强跳跃技能。

运动要领：家长站在儿童前面，做青蛙跳的动作（双脚分开与肩齐，下蹲，双手放于双脚前方，起跳）。儿童跟着家长，一起做青蛙跳的动作前进。

注意事项：家长不要跳得太远，儿童跟不上会气馁。

37. 愿者上钩

适宜年龄：4～6岁。

作用：锻炼协调性和反应能力，增强跳跃技能。

运动要领：

（1）家长手持一根长棍，末端系一根细绳，绳子末端绑一个纸团，然后开始"钓"儿童，让儿童跳起来去抓纸团。

（2）可以互换角色进行。

注意事项：腿部缓冲落地，保持身体平衡。

38. 直线自由滚

适宜年龄：4～6岁。

作用：锻炼协调性和控制能力。

运动要领：

（1）规定一条直线，儿童躺在起点处，腰部压在线上，然后开始横向翻滚。翻滚时不能偏离轨道，到达终点后与家长击掌。

（2）家长可以与儿童比赛，看谁更规范、更快地到达终点。

注意事项：家长要注意保持游戏有输有赢。

39. 树袋熊

适宜年龄：4～6岁。

作用：锻炼四肢肌肉力量和耐力。

运动要领：

（1）家长做熊爬的姿势（四肢着地，膝盖悬空），儿童双手搂住家长的脖子，双腿夹住家长腰部，挂在家长的背上，家长往前爬。

（2）可以适当地加速、急转，增加难度。

注意事项：提醒儿童要紧紧搂住家长脖子。

40. 跪姿站立

适宜年龄：4～6岁。

作用：锻炼协调性、平衡能力和爆发力。

运动要领：家长和儿童并排跪坐在地上，在不借助外力的情况下，跳起来站立，手不能着地。

注意事项：难度较大，前期家长可以协助儿童完成。

第七章

7～14岁儿童运动范例

第七章 7～14岁儿童运动范例

7～14岁儿童动作发展特征是快速的生长发育带来变化。这一时期，下肢弹跳能力明显增强、运动速度快速增长；心肺功能尚未发展成熟，故运动耐力较差；灵敏性逐渐增强，柔韧性则随着年龄的增加而下降。7～14岁儿童骨骼肌迅速生长发育，如果积极参加体育锻炼，加上合理的营养和充足的睡眠，儿童的机体将得到良好的、平衡的发展。7～14岁儿童应该多安排柔韧性运动，运动前后需要充分的热身活动和放松活动，在各项指标快速增长期安排相应的锻炼，如速度锻炼和下肢爆发力锻炼，可以收到事半功倍的效果。7～14岁儿童的运动方式以体格锻炼为主，主要分为以下四大类。

一、有氧运动

1. 侧手翻（俗称"大车轮"或"车轮子"）

适宜年龄：7～10岁。

作用：提高运动技能，锻炼技巧性、翻滚感觉、节奏感、空间认知能力。

运动要领：

（1）儿童站立做好"大"字姿势（预备动作），双手举高，左手向下带动身体向左侧倾斜，右腿向右上方摆起，左脚蹬

地，双手向左依次撑地，经倒立过程，双脚右左依次落地（或反方向）。

（2）要求在一条直线上，双手、双脚四个支撑点依次落地。

注意事项：

（1）利用手腕力量进行侧手翻。

（2）注意保护，在垫子或者草地、沙地及松软的土地上练习。

2. 跳绳

适宜年龄：7岁及以上。

作用：增强心肺功能、下肢力量，促进新陈代谢和生长激素分泌，有利于下肢长骨生长。

运动要领：

（1）双手持跳绳手柄放在体侧，甩起绳子，把握时机双脚跳起。开始时，先一次一次跳，熟练后可以连续跳。

（2）掌握常规跳绳后可以尝试前甩跳绳、后甩跳绳、单脚跳绳。

注意事项：

（1）跳绳长度要适宜，地面一定要平坦，最好铺上地毯或软垫，起跳和落地都要前脚掌着地。

（2）开始跳绳时可由慢到快，循序渐进。

3. 行进间单脚跳

适宜年龄：7岁及以上。

作用：增强心肺功能、下肢力量，促进新陈代谢和生长激素分泌，有利于下肢长骨生长。

运动要领：

（1）稍降低重心，一条腿向前上方屈膝提起，另一条腿用力蹬地向前起跳，注意保持前脚掌蹬地。

（2）根据所需高度、长度控制用力大小，双臂自然摆动，双脚落地，屈膝缓冲。

注意事项：前脚掌用力，保持动作协调、躯干稳定，减少身体的晃动；落地轻盈，背部挺直，膝盖保持朝向脚尖且不超过脚尖，保持重心落在身体支撑面上。

4. 纵跳

适宜年龄：7岁及以上。

作用：增强心肺功能、下肢力量，促进新陈代谢和生长激素分泌，有利于下肢长骨生长。

运动要领：

（1）起跳。双脚左右分开站立，与肩同宽，双脚快速用力蹬地，同时双臂稍屈曲，由后往前上方摆动，向前上方跳起腾空，并充分展体。要求蹬地快速有力，腿蹬和手摆要协调，空中展体要充分，强调离地前的前脚做瞬间蹬地动作。

（2）落地。收腹举腿，小腿往前伸，同时双臂用力往后摆动，并屈膝缓冲落地。

注意事项：上下肢动作协调配合，上体稍前倾，注意腿部缓冲落地。

5. 有氧操

适宜年龄：7岁及以上。

作用：增强心肺功能，促进新陈代谢和生长激素分泌。

运动要领：应先采取步伐走动的方式，使身体有充分时间适应。

注意事项：

（1）练习循序渐进，充分拉伸、热身。

（2）有氧操运动后，要及时更换汗湿的衣服，避免着凉，特别是在空调房内运动后，应做些伸展运动后再淋浴。

6. **交替弓步**

适宜年龄：7岁及以上。

作用：增强肌力、爆发力、节奏感、身体认知、空间认知、肢体表现等。

运动要领：

（1）自然分腿站立，双腿前后成弓步，交替更换双脚前后位置，双手交替前摆。

（2）尽可能前后拉开步伐，完成弓步动作。

注意事项：

（1）准备活动充分，尤其是脚踝。

（2）换腿落地时，膝盖稍屈曲。

7. **扶椅高抬腿**

适宜年龄：7岁及以上。

作用：增强肌力、爆发力、节奏感、平衡能力、身体认知、空间认知、肢体表现等。

运动要领：

（1）双手直臂扶住椅背支撑，双腿交替快速高抬腿。

（2）尽可能快速抬腿，保持身体稳定。

注意事项：

（1）准备活动充分，尤其是脚踝。

（2）落地时，膝盖稍屈曲。

8. 立姿横踢腿（前后）

适宜年龄：7岁及以上。

作用：增强肌力、爆发力、柔韧性、节奏感、平衡能力、身体认知、速度、空间认知、肢体表现等。

运动要领：自然分腿站立，像踢毽子一样，纵跳向上单腿屈膝，在身前横向踢向对侧，同时对侧手触及内侧脚踝。保持频率，并配合呼吸。

注意事项：

（1）准备活动充分，尤其是脚踝。

（2）落地时，膝盖稍屈曲。

9. 弓步跳

适宜年龄：7岁及以上。

作用：增强肌力、爆发力、节奏感、平衡能力、身体认知、敏捷、速度、空间认知、肢体表现等。

运动要领：

（1）自然分腿站立，向上跳，落回原地时一腿向前做弓步动作。

（2）尽可能跳高。

注意事项：

（1）准备活动充分，尤其是脚踝。

(2) 落地时，膝盖稍屈曲。

10. **踩点舞**

适宜年龄：7岁及以上。

作用：增强肌力、节奏感、平衡能力、身体认知、敏捷、速度、空间认知、肢体表现等。

运动要领：

(1) 自然站立，双手叉腰，根据节奏依次踩踏标注的点位。

(2) 尽可能动作连续并跟上节奏。

注意事项：准备活动充分，尤其是脚踝。

11. **叉腰开合跳**

适宜年龄：7岁及以上。

作用：增强肌力、耐力、节奏感、平衡能力、身体认知、空间认知、肢体表现等。

运动要领：

(1) 自然分腿站立，双手叉腰，双腿进行开合跳。

(2) 频率快，配合呼吸。

注意事项：

(1) 准备活动充分，尤其是脚踝。

(2) 落地时，膝盖稍屈曲。

12. **前后交叉跳**

适宜年龄：7岁及以上。

作用：增强肌力、耐力、节奏感、平衡能力、速度、身体认知、空间认知、肢体表现等。

运动要领：

（1）自然分腿站立，向上跳起双脚前后交叉落地，循环练习。

（2）跳跃过程中双手交替前后摆动。

注意事项：

（1）准备活动充分，尤其是脚踝。

（2）落地时，膝盖稍屈曲。

13. 双脚左右跳

适宜年龄：7岁及以上。

作用：增强肌力、耐力、节奏感、平衡能力、速度、身体认知、空间认知、肢体表现等。

运动要领：

（1）自然并腿站立，向上跳起横向左右移动落地。

（2）跳跃过程中双手交替前后摆动。

注意事项：

（1）准备活动充分，尤其是脚踝。

（2）落地时，膝盖稍屈曲。

14. 单腿交替跳

适宜年龄：7岁及以上。

作用：增强肌力、耐力、节奏感、平衡能力、速度、身体认知、空间认知、肢体表现等。

运动要领：

（1）自然分腿站立，向上跳起左右脚交替落地。

(2) 尽可能跳高。

注意事项：

(1) 准备活动充分，尤其是脚踝。

(2) 落地时，膝盖稍屈曲。

15. 双臂支撑跳

适宜年龄：7岁及以上。

作用：增强肌力、节奏感、平衡能力、速度，身体认知、空间认知、肢体表现等。

运动要领：

(1) 俯卧位双手直臂支撑，双腿并拢左右跳跃。

(2) 腹部核心收紧，双脚并拢跳跃。

注意事项：准备活动充分，尤其是四肢及膝盖。

16. 交替深蹲跳

适宜年龄：7岁及以上。

作用：增强肌力、节奏感、平衡能力、速度、身体认知、空间认知、肢体表现等。

运动要领：

(1) 自然分腿站立，先深蹲，然后向上跳起，落地缓冲，循环练习。

(2) 尽可能跳高，腾空期间完成展体动作。

(3) 深蹲时大腿与地面平行。

注意事项：

(1) 准备活动充分，尤其是脚踝。

(2) 落地时，膝盖稍屈曲。

17. 俯卧登山

适宜年龄：7岁及以上。

作用：增强肌力、节奏感、平衡能力、速度、身体认知、空间认知、肢体表现等。

运动要领：

(1) 双腿并拢做俯卧撑姿势，双腿前后交替蹬地。

(2) 腹部核心收紧，不要弓背。

注意事项：准备活动充分，尤其是四肢及腰部。

18. 原地跑步

适宜年龄：7~12岁。

作用：增强下肢力量和有氧运动能力。

运动要领：

(1) 手、脚配合，平衡协调，有控制地转换方向或移动位置。

(2) 注意步频，控制身体平衡。

注意事项：注意腿部缓冲落地。

19. 原地无绳跳绳

适宜年龄：7岁及以上。

作用：增强下肢力量和有氧运动能力。

运动要领：

(1) 手、脚配合，平衡协调。

(2) 徒手动作，注意控制身体平衡。

注意事项：
（1）地面一定要平坦，最好铺上地毯或软垫。
（2）起跳和落地都要前脚掌着地。
（3）开始跳绳后，速度可由慢到快，循序渐进。

20. 原地高抬腿

适宜年龄：6岁及以上。

作用：增强下肢力量和有氧运动能力。

运动要领：双脚打开与肩同宽，双臂屈肘90°，双手向前伸直，原地快速高抬腿，膝盖抬高时要碰到手臂或手掌。

注意事项：注意身体平衡协调，腿部缓冲落地。

二、肌肉/力量运动

1. 头部单手抗阻等长运动

适宜年龄：7岁及以上。
作用：增强颈部侧屈肌肉力量。
运动要领：
（1）坐位，左手扶头部左侧，右手放在同侧大腿上。
（2）头向左侧微屈，左手抵抗，维持头部在中立位。左侧运动后，右侧同方法锻炼。
注意事项：身体不要倾斜，动作轻柔，缓慢用力。

2. 头部左右抗阻运动

适宜年龄：7岁及以上。
作用：增强颈部侧屈肌肉力量。

运动要领：

(1) 站立，头部保持中立位，将弹力带从左侧绕过头部，抬起右手抓住弹力带两端。

(2) 手向右侧拉弹力带，头向左侧用力进行对抗，保持头部位置不动。左侧运动后，右侧同方法锻炼。

注意事项：身体保持中立位，头颈部保持中立位。

3. 低侧耸肩

适宜年龄：6 岁及以上。

作用：增强低侧肩部肌肉力量。

运动要领：

(1) 站立，头和躯干保持不动，肩部进行耸肩动作，左右均可进行。

(2) 运动过程中，头和躯干保持中立位，不要发生移动，防止影响运动效果。

注意事项：运动过程中，保持肩部放松，垂直于地面。

4. 负重耸肩

适宜年龄：7 岁及以上。

作用：增强肩部肌肉力量。

运动要领：

(1) 站立，躯干保持不动，手握哑铃，同侧肩部进行耸肩动作。

(2) 左右肩均可进行。

注意事项：运动过程中，头和躯干保持中立位，不要发生移动，以免影响运动效果。

5. 肩关节水平外展

适宜年龄：7岁及以上。

作用：强化肩背部力量。

运动要领：双脚分开与肩同宽，双臂水平向前伸直，双手握住弹力带。左肩保持不动，右肩水平外展到最大限度，然后返回起始位置，左右交替锻炼。

注意事项：一侧运动时，另一侧维持原状。头和躯干尽可能面向前方，双脚不能发生位移，避免代偿。动作可缓慢进行，加强内收肌的拉伸。

6. 上半身爬行

适宜年龄：7岁及以上。

作用：增强肌力、节奏感、平衡能力、速度、身体认知、空间认知、肢体表现等。

运动要领：

（1）自然分腿站立，双手触地，交替前移直至身体呈平板支撑状态，然后双手交替后移直至站立。

（2）前后移动过程中保持手臂伸直。

（3）直臂支撑时腹部核心收紧。

（4）可增加难度，当身体呈平板支撑状态后做一个俯卧撑，做俯卧撑时注意腹部核心收紧，不要弓背或者塌腰。

注意事项：准备活动充分，尤其是四肢及腰部。

7. 斜面俯卧撑

适宜年龄：7岁及以上。

作用：增强肌力、耐力、平衡能力、节奏感、身体认知、空间认知、肢体表现等。

运动要领：

（1）双手支撑于椅子扶手上，身体倾斜，与地面夹角为45°左右。

（2）缓慢进行斜面俯卧撑。

（3）动作幅度合适，配合呼吸。

（4）可增加难度，双手支撑于地面进行平地俯卧撑。

注意事项：准备活动充分，尤其是脚踝。

8. 跪卧撑

适宜年龄：7～14岁。

作用：增强肢体力量。

运动要领：

（1）俯身跪于垫子上，双膝着地，与肩同宽，小腿交叉，抬离垫子。

（2）双手位于胸部两侧，间距略比肩宽。

（3）屈臂俯身至肘关节成90°，然后伸臂起身还原。

注意事项：

（1）手、脚配合，平衡协调。

（2）腰背挺直，从侧面看身体成一条直线。

9. 四点支撑

适宜年龄：7岁及以上。

作用：锻炼髋部灵活性。

运动要领：双手、双膝着地，呈四点着地的姿势，活动骨

盆，使骨盆前倾，再回到原位。

注意事项：注意保护膝关节，必要时可垫软垫。

10. 竖脊肌力量平衡

适宜年龄：7岁及以上。

作用：增强核心力量，锻炼双侧身体协调性。

运动要领：

（1）俯卧在垫子上，掌心向下，双臂向前伸展，双腿向后伸展。

（2）上身、双臂与双腿同时上抬，使头部、肩部、膝盖离开地面，保持3秒，然后落回起始位置。

（3）保持匀速呼吸，上抬时吸气，下落时呼气。双臂与双腿始终保持伸直状态，不要屈肘和屈膝。

注意事项：

（1）双脚保持并拢，不要分开或呈内八字、外八字。

（2）头部自然下垂，拉伸后背部肌肉。

11. 提拉弹力带

适宜年龄：7岁及以上。

作用：强化肩、手臂、膝关节肌肉力量。

运动要领：

（1）站立，双脚踩住弹力带，双手拉住弹力带两端，弯腰至上半身与地面平行。该位置为起始位置，调整弹力带松紧度。

（2）拉紧弹力带起身至正常站姿。

（3）运动过程中，避免弓背，保持脊柱平直。

注意事项：运动过程中保持平衡，避免过度前倾和后仰。

12. **跪姿后伸腿**

适宜年龄：7岁及以上。

作用：强化臀、腿、膝关节肌肉力量。

运动要领：

（1）准备一条弹力带，双手、双膝着地呈四点着地的姿势，左手握住弹力带一端，左脚勾住弹力带向后上方伸展，直到左侧大腿略高于躯干，膝关节略屈曲，脚掌向上，然后回到起始位置。右侧同方法锻炼。

（2）整个过程中，拉紧弹力带不要松开，腿部缓抬缓放，腰部保持平直，不要塌陷。

注意事项：动作过程中，避免弓背，保持脊柱平直。

13. **站立划船**

适宜年龄：7岁及以上。

作用：强化背、胸、肩及手臂的大肌肉群，增强运动能力，使身姿挺拔。

运动要领：

（1）站立，双脚踩住弹力带，弯腰，双手抓住弹力带两端。

（2）上身前倾，略高于水平面，微屈膝，保持平衡；背部挺直，双手上拉弹力带至髋关节处。

（3）不要弓背，不要低头，运动过程中目视前方，向骨盆方向拉弹力带，不要向胸前拉。

注意事项：若有脊柱类疾病或发炎情况，请避免该运动。

14. 仰卧直抬腿

适宜年龄：7岁及以上。

作用：强化腹部肌肉群，增强核心力量，增强运动能力。

运动要领：

（1）躺在垫子上，双腿伸直，抬起离开地面。

（2）腹部核心发力，双腿并拢向上抬起，控制抬起的速度，不宜太快。双腿抬起与地面成90°或到达极限时，以同样速度向下回落到起始位置，注意双腿不要落回地面。

（3）注意头颈、躯干保持不动，双腿并拢，运动过程中膝关节保持伸直状态，不可屈膝。

注意事项：双臂位于身体两侧，保持平衡，不要代偿，头部保持放松，不要离开地面。

15. 跪姿屈膝抬腿

适宜年龄：7岁及以上。

作用：强化臀部肌肉，增强运动能力。

运动要领：

（1）双手、双膝着地，呈四点着地的姿势，双手距离与肩同宽。双腿屈髋屈膝90°。

（2）左腿向上抬，左脚脚掌朝上，至大腿与地面平行后，将腿放低至起始位置，但左膝不接触地面。右腿同方法运动。

（3）动作开始之前，保持身体的稳定性；动作进行过程中，背部始终保持挺直；避免过度屈膝。

注意事项：头颈、躯干保持不动，稳定上半身，运动过程中上半身始终与地面平行。

16. 臀桥

适宜年龄：7 岁及以上。

作用：强化臀部肌肉，增强运动能力。

运动要领：

（1）仰卧在垫子上，头颈放松，躯干贴合地面，手臂置于身体两侧，双脚距离与肩同宽。

（2）双腿屈膝双脚踩地，臀部发力向上抬起离开地面，直至大腿和躯干成一条直线，保持 15 秒。

（3）动作进行中确保背部挺直；达到最高点时，身体由双脚和上背部支撑，而不是由颈部支撑。

（4）若此动作过于简单，可通过在髋部放哑铃片、沙包等增加运动强度。

（5）动作开始前，保持身体的稳定性；动作进行过程中，背部始终保持挺直；避免过度屈膝。

注意事项：注意保护安全。

17. 摸膝卷腹

适宜年龄：7 岁及以上。

作用：增强腹部核心力量，缓解腰椎曲度增大。

运动要领：

（1）仰卧，双手放在身体两侧，双腿屈膝双脚踩地，保持匀速呼吸；调整骨盆位置，使腰背部接触地面不留空隙。

（2）双手放在大腿上，向上摸膝盖，同时做卷腹动作，头颈部随之向上抬起，避免过度前伸；肩胛骨离开地面后保持 3 秒，回到起始位置。

（3）利用腹部的力量使肩胛骨离开地面。

注意事项：头部抬起向上，尽可能减小头部前倾的幅度，避免对颈椎造成过大压力。

18. 核心平衡练习

适宜年龄：7岁及以上。

作用：强化腹部核心力量。

运动要领：

（1）双手、双膝着地，呈四点着地的姿势，双手距离与肩同宽。双腿屈髋屈膝90°。

（2）左腿向上抬，左脚脚掌朝上，同时右手向上抬，然后左腿、右手回到起始位置。另一侧同方法运动。

（3）动作开始之前，保持身体的稳定性；动作进行过程中，背部始终保持挺直；避免过度屈膝。

注意事项：注意保护安全。

19. 悬空上下打腿

适宜年龄：7岁及以上。

作用：增强肌力、耐力、爆发力、平衡能力、身体认知、空间认知、肢体表现等。

运动要领：

（1）坐于椅子上，双腿并拢，双腿交替上下打腿。

（2）尽可能绷直双腿。

注意事项：准备活动充分，腹部核心收紧。

20. 原地蹲起

适宜年龄：7 岁及以上。

作用：强化腿、臀、腹的大肌肉群，增强运动能力。

运动要领：

（1）站立，双脚打开比肩稍宽，身体保持挺直，膝盖朝向脚尖方向。

（2）缓慢深蹲，深蹲过程中上身保持挺直，并适当前倾，使肩、膝、中足在一条直线。

（3）缓慢均匀呼吸，膝关节、大腿前侧应有明显酸胀感。

注意事项：背部保持挺直状态，膝盖朝向脚尖方向，重心一直稳定于中足，膝盖尽量不超过脚尖。

21. 静力半蹲

适宜年龄：7 岁及以上。

作用：强化腿、臀、腹的大肌肉群，增强运动能力。

运动要领：

（1）正常站立，双脚打开与肩同宽，双手背在腰后；背部挺直，屈曲髋关节，缓慢下蹲至膝关节屈曲 90°，然后回到起始位置。

（2）运动过程中，背部保持挺直状态，感受腹部张力；避免膝关节屈曲超过 90°；

（3）若想改善圆肩，可双手叠放于脑后。

注意事项：弯下身体时，避免弓背，减小腰部压力，达到更好的拉伸效果。

22. 弹力带侧抬腿

适宜年龄：7岁及以上。

作用：增强大腿外展肌群力量。

运动要领：

（1）准备一条弹力适中的弹力带，绑于双腿大腿中段。

（2）左侧卧位，左手屈肘扶头支撑，右手扶右侧髋关节，右腿放在左腿上，双腿均完全伸展。

（3）左腿保持不动，右腿侧向上抬，动作宜缓慢，对抗弹力带，至40°左右，保持10秒，然后回到起始位置（可通过在脚踝捆绑沙袋增加负重，提高运动强度）。另一侧同方法运动。

注意事项：

（1）运动过程中，头和躯干保持中立，不要发生移动，防止影响运动效果。

（2）抬腿时，腿伸直，且要保证与身体处在同一平面内，避免屈髋、屈膝影响运动效果。

23. 弹力带半蹲

适宜年龄：7岁及以上。

作用：强化大腿内侧肌肉群。

运动要领：

（1）站立，大腿处绑一根弹力带，双脚与肩同宽或稍宽，脚趾向前，挺胸抬头收腹。

（2）保持背部挺直，腹部核心收紧，下蹲。下蹲时，集中精力向后坐，将重心放在脚后跟，保持躯干伸直。缓慢下蹲，双腿绷紧弹力带。

注意事项：下蹲时，膝盖不要超过脚尖。

24. 俯卧举小腿

适宜年龄：7岁及以上。

作用：增强臀部肌肉力量。

运动要领：

（1）俯卧，双手上下叠放在头部下方，头部朝向一侧。

（2）运动侧屈膝约90°，向上抬腿，然后回到起始位置。另一侧同方法运动。

注意事项：运动时缓慢屈膝，下落亦要缓慢进行。

25. 侧卧举腿

适宜年龄：7岁及以上。

作用：强化臀部、腿部肌肉。

运动要领：

（1）左侧卧位，左手屈肘扶头支撑，右手支撑在地面，左腿屈膝，右腿放在左腿上。臀部、膝盖、肩膀需保持在同一平面。

（2）右腿侧向上抬，到最大限度可缓慢下落，反复进行。另一侧同方法运动。

注意事项：

（1）整个过程中，保持躯干不动。

（2）身体保持在一条直线，避免关节屈曲或伸展，以免影响运动效果。

26. 相扑蹲

适宜年龄:7岁及以上。

作用:锻炼大腿的股四头肌和臀部肌肉。

运动要领:

(1)双脚打开约两倍肩宽,脚尖朝向斜前方。双手交叉握置于胸口。

(2)上半身尽可能挺直,下蹲时臀部稍微向后坐。

(3)蹲起时呼气,下落时吸气。

注意事项:下蹲到大腿平行地面时,膝盖要和脚尖方向一致。

27. 原地提踵

适宜年龄:7岁及以上。

作用:锻炼小腿腓肠肌和比目鱼肌。

运动要领:双脚并拢站立,双手叉腰,反复做提踵动作(提起脚后跟,用前脚掌支撑身体)。

注意事项:保持平衡,避免跌倒。

28. 原地半蹲跳

适宜年龄:7岁及以上。

作用:增强肌力、耐力、爆发力、平衡能力、身体认知、敏捷、空间认知、肢体表现等。

运动要领:

(1)自然分腿站立,向上跳起,落地缓冲成半蹲,反复练习。

（2）配合呼吸，落地缓冲。

（3）尽可能跳高。

注意事项：

（1）准备活动充分，尤其是脚踝。

（2）落地时，膝盖稍屈曲。

29. 单腿稳定性练习

适宜年龄：7岁及以上。

作用：强化足部站立平衡能力。

运动要领：

（1）单腿站立在一本厚书或瑜伽砖上，同时以手扶墙，辅助保持平衡，踝关节尽量保持中立位。

（2）练习一段时间后，可以加强难度，如在单腿站立的同时进行抛接球加强干扰。

（3）建议每组5分钟，每天3组，每周7天。

注意事项：保持平衡，避免跌倒。

三、跳跃运动

1. 原地深蹲跳

适宜年龄：7岁及以上。

作用：增强肌力、耐力、节奏感、平衡能力、身体认知、空间认知、肢体表现等。

运动要领：

（1）自然并腿站立，向上跳起双腿打开，落地成深蹲，重复练习。

（2）动作协调，深蹲到位。

注意事项：

（1）准备活动充分，尤其是脚踝。

（2）落地时，膝盖稍屈曲。

2. 行进间开合跳

适宜年龄：7岁及以上。

作用：增强下肢力量、平衡能力、协调性。

运动要领：

（1）手、脚配合，平衡协调；有控制地转换方向或移动位置。

（2）腿部缓冲落地，控制身体平衡。

注意事项：

（1）准备活动充分，尤其是脚踝。

（2）落地时，膝盖稍屈曲。

3. 连续立定跳远

适宜年龄：7岁及以上。

作用：锻炼下肢爆发力、协调性。

运动要领：

（1）手、脚配合，平衡协调；有控制地转换方向或移动位置。

（2）徒手动作，注意腿部缓冲落地，控制身体平衡。

注意事项：

（1）准备活动充分，尤其是脚踝。

（2）落地时，膝盖稍屈曲。

4. 纵跳摸高击掌

适宜年龄：7～10岁。

作用：提高跳跃能力、有氧运动能力。

运动要领：

(1) 家长面向儿童单手举高，手掌高度为距离儿童举起双手时指尖以上10～20厘米。

(2) 儿童向上跳起，与家长击掌并计数。

(3) 手、脚配合。

(4) 注意腿部缓冲落地，控制身体平衡。

注意事项：

(1) 准备活动充分，尤其是脚踝。

(2) 落地时，膝盖稍屈曲。

5. 摇臂开合跳

适宜年龄：7岁及以上。

作用：增强腿部、腹部肌肉力量，强化肌肉耐力。

运动要领：

(1) 站姿跳跃，双脚往外张开约1.5个肩宽，肩部发力带动双臂往头顶方向抬起，同时使身体往上延伸。

(2) 落地时双脚并拢，双手向身后摇臂画圈，注意身体仍要往头顶方向延伸，尽量不要弓背。

注意事项：身体挺直，不要弓背。

6. 波比跳

适宜年龄：7～10岁。

作用：发展腰腹部及下肢力量。

运动要领：家长和儿童相对呈俯卧撑姿势，收腿向前跳，然后起身向上跳起，落地后双腿向后跳恢复俯卧撑姿势。

注意事项：根据儿童的实际情况，确定波比跳的数量。

四、柔韧拉伸运动

1. 悬吊拉伸

适宜年龄：7岁及以上。

作用：悬垂一段时间后，骨间组织恢复至最佳厚度，骨骼间有充分的空位，因此悬垂又称为物理增高方法。

运动要领：需要准备能够悬吊起身体躯干的横杆，对低龄儿童，家长可以双手握住擀面杖让儿童进行悬吊。

注意事项：运动前充分热身，重点拉伸上肢、活动手腕。

2. 对侧颈屈

适宜年龄：7岁及以上。

作用：拉伸斜方肌和斜角肌。

运动要领：

（1）站立，双手背在身后，左手抓住右手腕部，右手掌心向外，五指分开。

（2）头部向左侧倾斜，左手向下方拉右手，动作轻柔，维持10秒。右侧同方法拉伸。

注意事项：身体不要倾斜，动作轻柔，缓慢拉伸。

3. 斜角肌拉伸

适宜年龄：7岁及以上。

作用：强化颈部力量。

运动要领：

(1) 站立，左手扶头部左侧，右手自然下垂。

(2) 头部向左侧屈，左手给予相反的作用力，右肩部下沉，右手自然下垂，维持10～15秒。右侧同方法拉伸。

注意事项：身体不要倾斜，动作轻柔，缓慢用力。

4. 斜方肌拉伸

适宜年龄：7岁及以上。

作用：拉伸斜方肌。

运动要领：

(1) 坐在椅子或凳子上，双脚分开一定距离，背部和腹部稍微收紧，右手抓住椅子边缘。

(2) 将头部靠向左侧并微微转向右侧，左手小心地将头部拉向左侧，拉伸斜方肌。右侧同方法拉伸。

注意事项：坐立时，身体挺直，头部中正，手放的位置不要离身体太远。

5. 颈部肌肉放松

适宜年龄：7岁及以上。

作用：激活颈部侧方肌和背部肌。

运动要领：

(1) 站立或坐位，向左仰头，然后向左低头；头部回到中

立位，向右侧屈（拉伸颈部左侧肌肉）。

(2) 头部回到中立位，向右仰头，然后向右低头；头部回到中立位，向左侧屈（拉伸颈部右侧肌肉）。

注意事项：在动作进行中，躯干保持不动，不要前屈或后展，仅活动颈部。

6. 弹力带环绕

适宜年龄：7～12 岁。

作用：增强肩部柔韧性。

运动要领：

(1) 选择一条弹力适中的弹力带，双手向前平举，握在弹力带合适位置，使弹力带保持一定的弹力，将弹力带拉直至与肩同宽。

(2) 双手用一定力量拉紧弹力带，以肩关节为中心，双手从身体前侧向头顶上方绕向背后。

(3) 同样，双手拉紧弹力带，以肩关节为中心，将双手绕回身体前侧。

注意事项：

(1) 控制力量，缓慢进行。

(2) 环绕过程中手肘一直保持伸直状态。

(3) 弹力带不可过紧，否则容易拉伤；也不可过松，以免达不到锻炼效果。

7. 肩部后伸展

适宜年龄：7 岁及以上。

作用：拉伸双侧胸大肌、肩膀前侧肌肉。

运动要领：站立，背部挺直，双脚与肩同宽，双手在背后抓住一根木棍。抬起身后的木棍，保持上身与地面垂直，直至感受到胸肌张力，保持 30 秒，然后双手回到起始位置。

注意事项：抬木棍时，务必屈曲膝关节，注意肩部的感觉，若感到任何不适应停止。

8. 坐位腰部伸展

适宜年龄：7 岁及以上。

作用：拉伸腰部肌肉。

运动要领：

（1）坐在椅子上，椅高约小腿高度，膝关节与踝关节均为 90°。

（2）双手交叉环绕膝盖，向下移动，带动躯干同时向前下方屈曲；同时头部向大腿靠近，臀部向后下方沉，臀部不要离开椅面。

注意事项：整个伸展动作缓慢进行，伸展过程中，臀部和脚不要发生移动；腰部有损伤者，不建议进行这项拉伸运动。

9. 腹肌拉伸

适宜年龄：7 岁及以上。

作用：拉伸腹部肌肉。

运动要领：

（1）俯卧，双上肢屈肘，放在身体两侧；手掌接触地面，双腿伸直，作为起始位置。

（2）双手撑地，逐渐伸直手臂，使上半身抬起约 45°，骨盆贴近地面，拉伸腹部肌肉。

注意事项：上半身抬起过程中，控制伸肘的速度，避免过快，头部随着身体上抬而抬起，看向前方，避免低头。

10. 跪拜式拉伸

适宜年龄：7岁及以上。
作用：拉伸背部肌肉群。
运动要领：

（1）双膝、双脚并拢跪地，坐在小腿上，大腿与小腿贴合，双脚趾屈曲并拢，脚掌朝向后方。双臂前伸，躯干前屈向下，双手接触地面向前伸，在向前的最大限度，保持15秒。

（2）双脚保持并拢，不要分开或呈内八字、外八字；头部自然下垂，拉伸后背部肌肉。

注意事项：臀部坐在脚后跟上，腹部尽量贴近大腿，保持静止，手尽量向前伸展，试图用额头触地。

11. 猫式伸展

适宜年龄：7岁及以上。
作用：拉伸腰、腹、背部肌肉。
运动要领：

（1）双手和双膝支撑在垫子上，屈髋、屈膝均为90°，双手距离与肩同宽，可稍微前置，维持平衡。伸展脊椎，类似站立位伸懒腰的动作，尽可能伸展腰椎，感受腹部的拉伸。

（2）背部要保持挺直，腰部尽量往下塌，大腿要与地面保持垂直，保持两三秒钟以后，将背部尽量向上弓起（像小猫受惊吓那样将背弓起）。如此重复这个动作，感受背部的拉伸感与紧致感。

注意事项：时刻注意腰部感觉，若感觉腰部疼痛，立刻停止。

12. **上半身拉伸**

适宜年龄：7岁及以上。

作用：增强肌力、平衡能力、节奏感、身体认知、空间认知、肢体表现等。

运动要领：站立，双腿分开与肩同宽，面向前方。一条手臂沿大腿外侧向下滑，另一条手臂伸直上举，掌心向内，身体向下滑侧侧屈，注意不要弯腰。对侧同方法拉伸。

注意事项：准备活动充分，缓慢进行。

13. **前后弓步**

适宜年龄：7岁及以上

作用：拉伸腿部肌肉，控制身体平衡。

运动要领：站立，左脚向前迈一步，屈膝，右腿向后伸展，下蹲做弓步动作，双手放在身体两侧。右腿在向后伸展的过程中，从脚尖踮地变化为脚背与地面接触，脚心朝上。左腿屈髋、屈膝均为90°时，保持30秒。左腿同方法拉伸。

注意事项：在拉伸过程中，躯干不要发生前后移动，以保证最好的拉伸效果。

14. **单腿支撑拉伸**

适宜年龄：7岁及以上。

作用：拉伸腿部、臂部肌肉。

运动要领：

（1）站立在台阶前面，将左脚放在适当高度台阶上（1～2级台阶），脚跟接触，腿伸直，双手扶在左腿上，向前弯曲身体，双手沿着左腿，随着身体下降而下滑，缓慢进行，直至感觉大腿后侧的张力。右侧同方法拉伸。

（2）弯曲身体时，避免弓背，减小腰部压力，达到更好的拉伸效果。

注意事项：时刻注意腰部感觉，若感觉腰部疼痛，立刻停止。

15. 膝关节震荡

适宜年龄：7岁及以上。

作用：活动髋关节、膝关节，拉伸腿部肌肉，预防骨盆前倾。

运动要领：

（1）盘腿坐下，双脚脚掌贴合，双手抓住双脚脚掌，膝关节上下挥动，不要太过用力，放松完成即可。

（2）久坐或久站后均可进行该拉伸动作，每次30次左右。

注意事项：利用髋关节的力量挥动膝关节。动作进行过程中，身体不要发生移动。

16. 坐位体前屈拉伸

适宜年龄：7岁及以上。

作用：拉伸腿部肌群及背部肌群。

运动要领：

（1）坐在垫子上，双腿伸直并拢，肩关节屈曲90°，挺直躯干与地面垂直，向前弯曲上身，手指触向脚尖，臀部保持不动，与地面保持贴合，感受来自背部的张力。

（2）躯干前屈过程中，避免臀部向前挪动。若感受到大腿后部张力过大，可以减小前屈程度。

注意事项：在进行该动作时，要保持身体平衡。

17. 大腿前侧肌群拉伸

适宜年龄：7岁及以上。

作用：拉伸大腿前侧肌群。

运动要领：站立，双脚并拢，向后抬起一条腿，双手在身后握住该腿脚背，并用力使脚跟接触臀部，脚背伸直，保持10秒，换另一条腿。

注意事项：拉伸时注意保持身体稳定。

18. 侧弓步

适宜年龄：7岁及以上。

作用：拉伸大腿内侧肌肉。

运动要领：站立，双腿尽量打开，上身挺直，腹部收紧。身体重心右移，以右臀为重心下蹲，屈膝屈髋到右大腿与地面平行，左腿伸直且脚底紧贴地面，上体前倾且臀部向后挺，回到起始位置。左侧同方法运动。

注意事项：双脚脚尖朝向正前方，下蹲时重心在脚后跟，膝关节在脚的正上方，躯干与小腿平行。

第八章

特殊需求儿童的运动处方

第八章 特殊需求儿童的运动处方

针对特殊需求儿童,需要特别制订适合他们的运动方案,这里就要引入运动处方这一概念。运动处方是由临床医师和运动专家依据运动处方需求者的健康信息、医学检查、运动风险筛查、体质测试结果,以规定的运动频率、运动强度、运动时间、运动方式、运动总量及运动进度,形成目的明确、系统性、个体化的健康促进及疾病防治的运动指导方案。

因儿童心智尚未发育成熟,认知水平较成人低,同时受学校生活作息限制,保持定时且规律的运动习惯存在一定困难,故在制订运动处方时应最大限度地考虑儿童的个人兴趣和爱好,或者鼓励儿童共同参与运动处方的制订。制订过程中倾听儿童的想法,可以有效地提高儿童执行运动处方的依从性。必要时可邀请运动医学科医师等专业人员参与日常运动,纠正不良的运动方式,指导儿童正确开展运动。应在医师与儿童、家长共同决策、综合个体评估的基础上对儿童的个体化运动进行精准管理。

一个完整的运动处方通常包含3~4种运动类型,包括有氧运动、肌肉/力量运动、跳跃运动和拉伸运动。

一、单纯性肥胖儿童运动处方

单纯性肥胖的发生机制是能量摄入大于能量消耗。任何形式的能量摄入过多或能量消耗不足都可以引起单纯性肥胖。能

量摄入过多主要体现在膳食模式方面。能量消耗不足主要体现在运动不足。因此，预防和治疗单纯性肥胖，并防止反弹，必须在调整膳食模式的同时增加运动。步行、跑步、游泳等运动的能量消耗是静坐的几倍到几十倍。有研究表明，长期规律运动可提高安静状态下的基础代谢率。所以，想要防治单纯性肥胖，就要开具合适的运动处方。

单纯性肥胖儿童的运动目的主要是减重，所以运动处方中有氧运动占比最高，以 60%～75% 为宜，运动强度要达到中等强度及以上，每次运动时间控制在 30～60 分钟，每周 3～5 次。运动前可安排 10 分钟左右的热身活动，运动后可安排 10 分钟左右的拉伸运动。

二、身高促进运动处方

对于身高增长不理想的儿童，或者对身高有特殊要求的儿童，可以采取身高促进运动处方助力身高增长。运动能促进骨骼的新陈代谢、加强骨骼的营养、改善骨骼的结构。运动时骨骼的血液供应量大大改善，骨骼能获得更多的营养，促使骶软骨加速增殖，使长骨增长。进行中等强度、时间在 20 分钟以上的运动时，血浆中生长激素含量增高，甲状腺激素含量也增高，促进蛋白质合成和脂肪分解，促进软骨和骨骼的生长。此外，运动时雄激素分泌增多，可与生长激素起协同作用，加速生长。

身高促进运动处方的目的主要是增高，运动项目主要是有氧运动、跳跃运动、肌肉/力量运动、拉伸运动，其中跳跃运动占比可达到 20%～30%。每次运动时间控制在 30～60 分钟，每周 3～5 次。运动强度以低、中等强度为宜。运动开始前进行10分钟左右的热身活动，运动结束后进行10分钟左右的拉伸运动。

三、注意缺陷多动障碍儿童运动处方

注意缺陷多动障碍（attention deficit and hyperactive，ADHD）儿童主要表现为与年龄不相符的注意缺陷、多动和冲动，常伴有执行功能障碍和运动功能障碍。学龄期ADHD儿童在日常生活中经常表现为行动笨拙、容易跌倒、精细动作差等，如书写或使用工具出现问题。有研究发现，执行功能与运动平衡功能、协调功能之间有一定的相关性，运动干预（如涉及运动平衡功能的自行车、瑜伽，有氧运动如游泳、跑步等）可提高ADHD儿童运动能力和改善其执行功能。

ADHD儿童运动处方的目的主要是改善执行功能与提高运动能力，运动项目主要是有氧运动、平衡运动、抗阻运动、拉伸运动。每次运动时间控制在40～60分钟，每周3～5次。运动强度以中等、高强度为宜，高强度间歇运动与中等强度的联合运动均能够有效改善ADHD儿童的注意力表现。运动开始前进行10分钟左右的热身活动，运动结束后进行10分钟左右的拉伸运动。

四、支气管哮喘儿童运动处方

支气管哮喘是学龄期儿童最常见的慢性呼吸道炎症性疾病，支气管哮喘儿童易出现喘息、气促等症状，且反复发作。多数家长担心支气管哮喘儿童运动后会诱发哮喘发作，为了规避潜在危险，许多支气管哮喘儿童被迫减少甚至放弃运动，导

致他们的运动耐力进行性降低，身体功能进一步下降，最终影响生长发育。越来越多的研究表明，规律适宜的运动在支气管哮喘儿童的肺功能康复方面发挥积极的作用。《支气管哮喘防治指南（2020年版）》建议支气管哮喘儿童在病情平稳期，可与正常儿童一样，适当参与体育锻炼。

因儿童体质、运动能力及营养情况差异较大，运动处方的制订需遵循个体化、安全性、鼓励性原则。对于心肺功能较弱、运动主观意愿低的支气管哮喘儿童，运动时的动作规范不必过于严苛，运动强度、频率和持续时间以"适当放松，安全第一"为前提。同时，制订运动处方时也应考虑特殊支气管哮喘儿童（如下肢基础力量薄弱、易喘体质等）的运动需求。

支气管哮喘儿童在运动前应做相应评估，如近期症状控制情况、有无外伤、肌肉状态等。运动评估应贯穿于支气管哮喘儿童运动的全过程，建议由哮喘专科护士在内的哮喘管理团队完成，哮喘专科护士应及时协助医师进行定期评估并适时查看及调整运动处方，充分发挥运动的中长期积极作用。

推荐支气管哮喘儿童首选有氧运动，如步行、慢跑、上下楼梯、游泳、骑车、跳绳等。初始阶段可选择每天20～30分钟的有氧运动，再配合1～2项简单的抗阻运动，每周运动时间不少于120分钟。支气管哮喘儿童运动需在成人监督下进行，视耐受程度逐步增加运动强度。如运动中出现任何不适，应立刻停止运动并采取舒适的坐姿，鼓励儿童缓慢深呼吸，同时吸入随身携带的止喘药物，15～20分钟后症状仍未缓解，应就近就医。

参考文献

[1] 伊默. 学龄期哮喘患儿家长参与运动处方制定的决策辅助方案构建 [D]. 济南：山东大学，2022.

[2] 王岩，于晶. 不同运动干预模式对ADHD儿童执行功能影响的研究进展 [J]. 当代体育科技，2022，12（30）：51-54.

[3] 于宏达，于晶. 不同运动项目对ADHD儿童的影响 [J]. 当代体育科技，2022，12（25）：161-164.

[4] 崔雪莲，张瑜，谢凡，等. 学龄期ADHD儿童执行功能与运动协调和平衡功能的相关性研究 [J]. 重庆医学，2023，52（20）：3120-3125，3132.

[5] 程波利，黄英. 运动在儿童哮喘管理中的作用 [J]. 南方医科大学学报，2014，34（1）：75-78.

[6] 刘芳，刘怡然，刘琳. 运动康复训练对支气管哮喘儿童运动能力和生活质量干预效果的系统评价 [J]. 中国当代儿科杂志，2021，23（10）：1050-1057.

第九章
儿童运动的实施

第九章 儿童运动的实施

一、培养兴趣

1. 以身作则——为儿童树立运动榜样

家长以身作则保持规律运动,每天"打卡"锻炼,培养儿童对运动的兴趣。儿童发现家长的变化,自然会模仿。家长坚持运动不仅可以使自己的身体更加健康,也会为儿童树立良好的运动榜样。

2. 循序渐进——避免儿童抵触运动

对于刚开始运动或以前不太喜欢运动的儿童,最好给予一段时间来适应,从每天进行5分钟的低强度运动开始,慢慢增加运动的持续时间和强度,使儿童可以坚持更长时间。

3. 形成规律——让运动成为日常生活的一部分

固定运动时间,儿童可以调整自己的状态,适应进度表。固定陪伴运动的家庭成员或玩伴,发展集体活动,儿童喜欢向他人证明自己的能力,通过激发好胜心,他们会更有动力尝试。儿童喜欢能够随着时间的推移比较自己的进步,并试图超越自己,可以制订进度表,通过进度表上的前后对比,让儿童体会到自己的进步。

4. 多元运动——让运动变得有趣

不要将运动局限于常规运动，任何形式的活动都算作运动。要有创造力，让儿童动起来。针对低龄儿童，形形色色的玩具更能调动他们的积极性。骑车、游泳、远足和划船都是可以增强肌肉和消耗能量的活动。儿童会认为这些活动是一种乐趣，而不是将其视为一种运动。

二、运动支持化

为了让儿童更好地运动，家庭可以给予以下支持。

1. 运动饮食安排

（1）运动过程中身体能量消耗剧增，不仅要适量补充碳水化合物、蛋白质、脂肪、维生素、矿物质等营养素，而且要注意水分的充足供给。

（2）保证每天不少于3次正餐和2次加餐，不随意改变进餐时间、环境和进餐量。

（3）注意培养儿童摄入多样化食物的良好饮食习惯，纠正挑食、偏食等不良饮食习惯。

（4）需多吃红肉（没有太多脂肪的肉）及强化铁的谷物和绿叶蔬菜；选择富含优质蛋白质的食物，如鱼、红肉和禽肉、蛋、奶制品、坚果、大豆等。

（5）每天都要摄入适量的水果和蔬菜，补充身体所需维生素和矿物质。

（6）选择全谷物（如燕麦粥、白薯、全麦面包等），少吃精加工食物，如大米和白面包。

2. 平衡娱乐和运动时间

制订家庭电子产品使用计划，以帮助儿童平衡娱乐和运动的时间。

3. 了解儿童运动需求

6岁以下儿童每天需要3个小时的运动时间，包含1小时或更长时间的中等强度（微微出汗）运动。6岁及以上的儿童，每天需要至少60分钟的运动时间，每周至少要有3～4次肌肉/力量运动。

4. 保证摄入充足、适宜的水分

选择水或牛奶来补充水分。儿童新陈代谢旺盛，活动量大，水分需要量相对较多，每天总摄水量为1300～1600mL，除奶类和其他食物中摄入的水外，建议学龄前儿童每天饮水600～800mL，以白开水为主，少量多次饮用。

5. 提供适量零食

零食对学龄前儿童是必要的，对补充所需营养有帮助。零食应尽可能与加餐相结合，以不影响正餐摄入为前提，多选用营养密度高的食物，如奶制品、水果、蛋类及坚果类等，不宜选用能量密度高的食品，如油炸食品、膨化食品。

研究表明，童年期养成的生活习惯可持续到成年期。运动和均衡饮食为健康、积极的生活奠定了基础。整个家庭一起运动起来，如果运动是家庭中的优先事项，那么将会给儿童提供一生健康的坚实基础。

三、合理制订运动方案

1. 运动时间规律

如果运动时间不规律，就会扰乱儿童的生物钟，使内分泌与生活节奏不协调，从而影响运动效果和睡眠。运动时间的安排也需要考虑天气与气候的变化。室外运动最好选择在阳光天气进行，避免过早运动，应该尽量在日出后、日落前进行室外运动。夏季进行室外运动时，最好安排在早晨、上午和傍晚等气温偏低的时候，避免晒伤、中暑。雾天不宜室外运动，因为雾天空气湿度大，相对容易缺氧。大雾中不仅带有煤烟、粉尘、病菌等有害物质，而且大雾可以阻止废气扩散，空气质量相对较差。

2. 注意运动环境和运动卫生

注意地面的软硬程度、空气的清洁程度，气候的冷暖、干湿情况等。进行室外运动时，要注意选择运动场所，尽量少在柏油路、石头地等坚硬地面运动，尤其是冬季天气寒冷，此类地面要比夏季更加坚硬，对骨骼、关节冲击力更大，容易受伤。应尽量多在土地上运动。同时，还要注意观察运动场所是否有设施或空间隐患。

3. 合适的运动才是最好的

合适的运动需要参考儿童的年龄及发育水平，建议进行专业的评估以制订运动方案。另外，运动方案也需要根据季节调整，如冬季倡导进行耐力性项目，也就是有氧运动，包括长跑、健步走、滑冰、游泳、跳绳等。足球、篮球、网球等球类项目属于对抗性运动，容易发生身体接触，在冬季更容易受伤，不建议长时间进行。

4. **保持合适的运动量**

运动量过大，不仅不能强健身体，反而有损健康。不同年龄的人，只有根据自己的体质进行适量的运动，才能收到良好的效果。

5. **注意运动强度的安排**

注意每次运动时，运动强度由低到高逐渐上升，运动结束阶段又由高到低逐渐下降。

6. **注意全面发展**

必须进行全面锻炼，使身体匀称、健康地发展，既要安排有效增强下肢和内脏功能的运动，又要安排强健上肢和躯干的运动。最好是每次均安排有增强体能、锻炼平衡能力和增强呼吸功能等作用的运动。

7. **科学运动**

饭前饭后剧烈运动会引起消化不良。高强度运动前不做热身活动，易造成肌肉、关节损伤，并可能出现憋气、腹痛等情况。运动后放松活动不当，会产生大脑缺血等。冬季运动后不注意保暖，容易导致关节炎等疾病。

第十章

儿童运动的注意事项

第十章 儿童运动的注意事项

一、运动前注意事项

1. 了解儿童的身体状况

定期进行体检及评估儿童运动发育水平，根据健康和体能状况，向专业人士咨询儿童需要加强的方面和建议进行的运动项目，合理地制订运动方案。这样既可提高运动效果，也可避免意外事故的发生。

2. 身体不适时不宜参加运动

感冒时，人体疲劳无力，如果伴有发热，更会大量增加能量消耗。此时，免疫系统处于应激状态，而运动会加速肌肉的应激反应，加重免疫系统的压力，导致更易患病。因此，若有明显身体不适，特别是感冒时，应避免进行任何运动。

3. 注意查看天气状况

避免危险天气，如强风、大雨、高温等。当空气质量指数类别为优或良时，推荐儿童进行室外运动；当空气质量指数类别为轻度或中度污染时，建议儿童减少室外运动；当空气质量指数类别为重度污染时，建议儿童避免室外运动（表10-1）。

表 10-1 空气质量指数及运动建议

空气质量指数	空气质量指数类别	健康效应	运动建议
0~50	优	空气质量令人满意,基本无空气污染	推荐进行室外运动
51~100	良	空气质量可接受,但某些污染物可能对极少数异常敏感儿童的健康有较弱影响	推荐进行室外运动
101~150	轻度污染	出现刺激症状,呼吸道症状轻度加重	减少室外运动
151~200	中度污染	呼吸道症状加重,对心脏及呼吸系统可能产生影响	减少室外运动
201~300	重度污染	普遍出现呼吸道症状,心血管疾病或呼吸系统疾病患儿症状显著加重	避免室外运动

4. 检查运动场所、设施

应先排除运动场地上的异物和积水等不安全因素。查看一下运动设施检修记录,是否有损坏或松动,避免发生意外。

5. 检查儿童的穿着

衣服要轻便、舒适,避免带有坚硬装饰或者不适合的衣服限制儿童的运动。穿合适的运动鞋,避免穿过硬、底过厚的皮鞋等,以免扭伤、摔伤。

6. 不得空腹或饱腹运动

空腹运动容易引起低血糖。低血糖会造成各种不适症状,如心悸、出虚汗、手脚颤抖等,轻则影响人体正常活动,严重时会导致惊厥、昏迷甚至死亡，尤其是在能量消耗较大的冬季。因此，空腹时应尽可能避免参加运动。

饱腹时同样不适宜进行运动。运动过程中，大部分血液分配到四肢等运动器官，导致胃部供血减少，消化比较缓慢，易产生胃部不适等。

一般而言，饭后休息 60～120 分钟再开始运动是比较合适的。

7. 运动前和儿童一起活动全身，做好热身活动

热身活动可以让身体提前进入状态，增高身体的温度，加快血液循环，让身体尽快调整到运动时的最佳状态。热身活动包括揉揉脸蛋和耳朵、搓搓手、转转手腕和脚腕、扭扭腰和活动四肢。肌肉、关节完全活动开后再做运动，可以避免扭伤或拉伤。

寒冷天气下，人体肌肉、韧带的黏滞性增加，肌肉的弹性及伸展性降低，各关节会变得比较僵硬，导致安全活动范围减小。因此，冬季运动前一定要进行比往常更加充分的热身活动，使肌肉、关节的功能达到最佳水平。

气温适宜的情况下，运动前的热身活动时间一般为 10～15 分钟，而在寒冷天气情况下，热身活动时间则应该延长到 20～25 分钟，或直至身体开始发热、微微出汗。

二、运动中注意事项

1. 观察、了解儿童的运动情况

运动量适宜时，儿童面色红润、汗量不多、呼吸中等稍快、动作可以控制、情绪愉快、注意力集中、心率在 130～

140次/分。当儿童运动时出现脸色苍白、汗量增多、疲劳，表明运动量过大，需要结束运动或进行休息，并调整运动方式或强度、时间等。

2. 加强儿童运动时的护理

可以根据运动项目给予指导，提醒儿童注意事项。同时，及时给儿童穿脱衣，对于出汗量大和体弱的儿童，运动时可以在后背放置汗巾，便于吸收汗水，避免运动后着凉。

在寒冷天气进行运动时，要注意防寒保暖。运动时不可穿得过少，必要时可以戴上帽子和手套；但也不宜穿得过多，以免妨碍身体活动。

在热身活动之后可以逐渐减少衣服的数量，但切忌在大汗淋漓的情况下骤然减少衣物。

出汗时，由于体表水分较多，寒风吹入会使体感温度变得极低，容易导致感冒。在结束运动休息的时候，必须尽快穿上衣服，防止感冒。

3. 运动中注意补水

运动中补水应遵循少量多次的原则，建议在运动前后和运动期间每隔15～20分钟补水1次。饮用水的温度应不低于13℃。在出汗较多时，也可以选择饮用0.3%左右的淡盐水。

4. 不要过度运动

运动应该考虑儿童的体力。如果儿童运动后出现肌肉疼痛，那么应当放慢速度、减少运动时间或者尝试更低强度的运动。

5. 运动时不宜用嘴呼吸

运动时尽量不要张嘴大口呼吸，而应采用鼻吸口呼的方法。这主要是避免寒冷干燥的空气通过口腔直接进入肺部产生强烈的刺激。通过鼻腔呼吸，进入肺部的空气会在鼻腔过滤、加温和湿润，起到保护气管和肺部不受尘埃、病菌侵害的作用。

三、运动后注意事项

1. 运动后不要马上饮用冷饮或大量饮水

运动往往使人大量出汗，如果在运动期间没有注意适量补充水分，尤其是在夏季，随着大量水分的消耗，许多儿童会出现口干舌燥、急需饮水的感觉，然而此时人体消化系统仍处在抑制状态，消化功能低下，如果此时饮用大量冷饮或大量饮水解暑解渴，极易引起胃肠痉挛、腹痛、腹泻，并诱发胃肠道疾病。所以，运动后不要马上饮用冷饮或大量饮水，此时适宜补充少量白开水或淡盐水。

2. 运动后不要马上洗澡

运动后，很多儿童习惯马上去洗一个热水澡。其实这个做法并不科学。运动时，体内的血液循环速度加快，心率也会配合运动而加快，如果马上洗热水澡，会让肌肉与皮肤的血液循环继续加快，导致身体的其他器官供血不足，可能会出现脑部缺氧的状况。

3. 运动后不要马上蹲坐休息

运动时肌肉获得氧气，将糖类物质分解为乳酸，而乳酸就是运动后肌肉酸痛感的来源。如果运动后马上蹲坐休息会影响血液循环，导致乳酸分泌过多，更容易加重肌肉的酸痛感，严重时甚至会导致重力性休克。因此，每次运动结束后应调整呼吸节奏，进行一些低强度的活动，如慢步走、做几节放松体操、做拉伸运动或者简单的深呼吸，促使四肢血液回流心脏，以利于还清"氧债"，加快恢复体能、消除疲劳。

4. 运动后不要马上对身体降温

运动时机体表面血管扩张，体温升高，毛孔舒张，排汗增多。运动后立即走进空调房或在电扇风口纳凉小憩，都会使皮肤毛孔紧缩汗液不易排出，易引起体温调节等生理功能失调，免疫功能下降而导致感冒、腹泻、哮喘等病症。正确做法应为运动结束半小时，等身体自然冷却后再进入空调房或吹电扇。同时，运动后在进入温度较低的环境前，要把身上、头部的汗液擦干净，以防止出现不适。

5. 运动后不要立即吃饭

运动时，特别是激烈运动时，运动神经中枢处于高度兴奋状态。在它的影响下，消化系统的活动被抑制，胃肠道的蠕动减弱，各种消化液的分泌大大减少。在运动结束后 20～30 分钟才能恢复正常。因此如果运动后马上吃饭，会加剧胃肠道的负担，对胃肠道健康产生不良影响。

6. 运动后不要继续穿着湿衣

运动以后汗水浸湿了衣衫，许多人懒得更换，这样容易着凉。同理，冬季室外运动后应马上穿外套、戴帽子。

7. 运动后不要忽视放松活动

实践表明，放松活动不仅可使运动者的大脑皮层兴奋性及较快的心率、呼吸频率恢复到运动前的静息状态，而且，还可缓解肌肉疲劳、减轻酸胀，避免运动后头晕、乏力、恶心、呕吐、视物模糊等不良现象。所以，每次运动后要充分做好放松活动，如放松徒手操、步行、放松按摩等，有利于身体的恢复和运动效果的提高。另外，要注意运动后的拉伸运动。

8. 运动后营养补充指导

（1）流食：如果汁、粥、汤，也可以选择水分较多的水果和蔬菜（如西红柿、葡萄、橙子、西瓜、生菜和黄瓜）。这些食物含有大量的水分和维生素，可迅速补充运动中的消耗。

（2）高蛋白质食物：人体能量消耗太大会感到疲劳，运动后应多吃富含蛋白质的食物，如豆腐、瘦肉、鱼、蛋等。当然，补充蛋白质不能盲目，不要一味地只吃肉，不吃其他食物，这样只会得到相反的效果。

（3）碱性食物：新鲜蔬菜、瓜果、豆制品、乳类和含有丰富蛋白质与维生素的动物肝脏等。这些食物经过人体消化吸收后，可以迅速地使血液酸度降低，从而消除疲劳。

（4）含钾及维生素的食物：短时间运动大量出汗，容易丢失钾，故运动后需摄入富含钾的食物，如香蕉、紫菜、土豆

等。运动后积存的代谢产物需要尽快处理掉,故食用富含维生素B和维生素C的食物(如土豆、香蕉、橘子、橙汁)能消除疲劳。

参考文献

[1] 朱小烽. 儿童青少年体适能评定与健康促进[M]. 成都:西南交通大学出版社,2020.

[2] 陈吉棣. 运动营养学[M]. 北京:北京医科大学出版社,2002.

[3] 朱宗涵,曹彬. 儿童早期运动发展与促进[M]. 北京:人民卫生出版社,2021.